书山有路勤为径,优质资源伴你行
注册世纪波学院会员,享精品图书增值服务

教练式管理

赋能与增效实战指南

刘胜红 肖双生 ◎ 著
周 易 ◎ 绘

电子工业出版社
Publishing House of Electronics Industry
北京·BEIJING

未经许可，不得以任何方式复制或抄袭本书之部分或全部内容。
版权所有，侵权必究。

图书在版编目（CIP）数据

教练式管理：赋能与增效实战指南 / 刘胜红，肖双生著；周易绘 . -- 北京：电子工业出版社，2025.10.
ISBN 978-7-121-51245-2

Ⅰ. F272.91

中国国家版本馆 CIP 数据核字第 2025DP7684 号

责任编辑：晋　晶
印　　刷：三河市良远印务有限公司
装　　订：三河市良远印务有限公司
出版发行：电子工业出版社
　　　　　北京市海淀区万寿路 173 信箱　　邮编：100036
开　　本：720×1000　1/16　印张：14　字数：226 千字
版　　次：2025 年 10 月第 1 版
印　　次：2025 年 10 月第 1 次印刷
定　　价：69.00 元

凡所购买电子工业出版社图书有缺损问题，请向购买书店调换。若书店售缺，请与本社发行部联系，联系及邮购电话：(010) 88254888，88258888。
质量投诉请发邮件至 zlts@phei.com.cn，盗版侵权举报请发邮件至 dbqq@phei.com.cn。
本书咨询联系方式：(010) 88254199，sjb@phei.com.cn。

推荐序一
领导力进化，为未来赋能

周 全

蔚来人力资源高级副总裁

前滴滴副总裁，滴滴学院创始院长

前腾讯无线事业部人力资源总监、腾讯学院副院长

2025年8月20日

当刘胜红女士邀请我为其与双生老师合著的《教练式管理》一书作序时，我深感荣幸，亦深知责无旁贷。翻开书稿，十年前她在滴滴学院初涉教练技术、满怀热忱组建"教练学习小组"的场景，宛如昨日重现。时光荏苒，十年已逝。作为她曾经的上级，我有幸目睹她从一位杰出的培训工作者，历经深刻的自我探索与实践淬炼，最终成长为一位极具影响力的"教练式赋能型"管理者和专业教练。这本凝聚了她十年实战经验与深度思考的著作，无疑是这段旅程最为珍贵的结晶。

身处当今VUCA（易变、不确定、复杂、模糊）时代，尤其在我深耕多年的互联网行业（腾讯、滴滴）以及如今投身的新能源智能汽车领域（蔚来），管理者所面临的挑战前所未有。业务高速迭代、技术日新月异、组织形态日益复杂，而新生代员工对意义感、自主权和成长空间的渴望更是空前强烈。传统的命令—控制式管理，在激发创新、应对快速变化、凝聚多元化人才方面，早已显得力不从心。

在腾讯、滴滴等平台型互联网企业，我深刻体会到，组织的核心竞争力越来越依赖于**个体的创造力、团队的敏捷协作以及持续的学习进化能力**。管理者必须从"权威者""问题解决者"的角色，转变为"潜能激发者""成长伙伴"和"场域营造者"。"教练式管理（Coaching Leadership）"，正是实现这一角色转变的关键钥匙。它并非简单的技巧叠加，而是一种深刻的心智模式与管理范式的转变——从"给答案"转向"提问题"，从"关注事"转向"关注人"，从"管控式"到"共创式"。

作者在书中清晰地阐述了教练式管理的精髓：积极聆听、有力发问、有效反馈，以及GROW模型等核心工具及流程。这些并非纸上谈兵，而是作者十余年来在真实企业管理场景中反复实践、验证、优化的成果。本书的独特价值在于其"**管理双重视角**"——既从高管视角洞察战略方向与组织文化，又从中层管理视角聚焦落地执行与团队效能。这种"既见森林，又见树木"的立体结构，对于不同层级的管理者都具有极强的指导意义。

尤其值得称道的是，本书并非停留在理论层面，而是扎根实战：**真实案例、具体话术、实用工具与即学即练的"觉察时刻"**。它系统覆盖了管理者最常面临的两大核心场景——一对一员工辅导与一对多团队共创。两位作者将他们曾经遇到的挫折、成功的经验、深刻的反思都毫无保留地融入其中，使得这本书既可作为系统学习的教科书，亦可作为案头常备的**工具指南**。书中强调的**管理者自我觉察与认知升维（如结合正念）**，直指领导力修炼核心——**领导他人，必先领导自己**。这也是我深信的管理信条。书中提到的教练式管理的技巧及理念，对于任何希望在组织中系统性植入教练思维的企业，都具有极高的参考价值。

在AI技术重塑工作与协作方式的今天，人类独有的深度理解、情感共鸣、激发潜能的能力，将变得比以往任何时候都更加珍贵。教练式管理，正是将这种"人"的优势发挥到极致的艺术与科学。它让管理者告别疲于"灭火"与"指挥"，转型为点燃团队智慧、驱动组织进化的"**点火者**"与"**赋能者**"。

在AI技术重塑工作与协作方式的今天，人类独有的深度理解、情感共鸣、激发潜能的能力，将变得比以往任何时候都更加珍贵。教练式管理，正是将这种"人"的优势发挥到极致的艺术与科学。它让管理者告别疲于"灭火"与"指挥"，转型为点燃团队智慧、驱动组织进化的"点火者"与"赋能者"。

我深信，《教练式管理》一书，将为正在寻求管理范式升级的中国企业管理者，尤其是身处快速变化及变革中的各行各业领导者，提供一盏明灯。它不仅能帮助你更有效地达成业务目标，更能让你在成就团队、赋能个体的过程中，收获更深层次的领导意义与满足感。

真正的领导者，永远在创造更多领导者。愿此书成为你领导力进化之旅的关键火种，照亮前路，唤醒潜能，引领你与团队奔赴更卓越的未来。

推荐序二
以教练之光，照亮管理之路

李耀兴

埃里克森国际教练中心

中国区及亚太区董事总经理

希腊哲学家苏格拉底曾言："我不能教会任何人任何事，我只能让他们思考。"

这句跨越千年时空的哲思，恰如一道穿透云层的光芒，精准地映照出《教练式管理》的核心理念。

在当今这个复杂多变、充满不确定性的商业世界里，传统的指令型管理模式正逐渐暴露出其固有的局限性。而教练式管理，宛如一把神奇的钥匙，为管理者开启了一扇通往激发团队无限潜能、实现卓越绩效的大门。刘胜红老师和肖双生老师合著的这本《教练式管理》，正是在这样的时代背景下应运而生。它凝聚了两位作者多年在管理与教练领域的深厚积淀与实践智慧，为那些渴望突破管理瓶颈、提升团队效能的管理者们，提供了一套兼具理论深度与实践操作性的管理范式。

解锁个体与组织的潜能密码

在《教练式管理》中，两位老师构建了教练式管理的结构化模型，通过1个底层信念、3个元技能、1个对话模型和2大实践应用，使管理者具备理念、能力、方法和场景，成为教练式管理者，进而实现个人与组织愿景。这也契合了教练核心理念之一的逻辑层次。

教练式管理的本质在于将"解决问题"与"激发潜能"深度融合。与传统管理中以控制和指令为主导的思维定式不同，它将关注点从任务的命令分配与监督执行，转移到对员工内在动力与潜力的挖掘与激发上，同时也聚焦于解决问题，体现了聚焦于解决方案的教练方式。

每个员工都犹如一座蕴含着无限能量的宝藏，管理者的职责便是成为那个手持"教练之灯"的赋能者。通过积极聆听、有力发问、有效反馈3个元技能，管理者支持员工拨开迷雾，发现自身的优势与潜力，从而主动地、创造性地投入工作。书中提到运用GROW模型（聚焦目标—厘清现状—创造选择—强化意愿），管理者可以支持员工清晰地明确自己的工作目标，深入分析当前的工作状态，自主地探索并选择适合自己的解决方案，最终坚定地付诸行动。这一过程并非管理者将自己的意志强加于员工，而是通过提问与反馈，让员工在自我思考与探索中找到前进的方向，实现从"要我做"到"我要做"的心态转变，充分释放个人的主观能动性，从而激活个体与组织的潜能。

对个人的价值：成就自我驱动的职场蜕变

对于个体而言，《教练式管理》宛如一本量身定制的成长指南。在日常工作中，员工常常会陷入迷茫与困惑，不清楚自己的职业发展方向，也不知道如何提升自己的工作能力以应对日益复杂的工作挑战。而这本书所倡导的教练式管理方式，能够为员工提供一个持续成长与发展的支持系统。管理者作为教练型领导者，通过深度聆听员工的心声，理解他们的需求、期望与困惑，然后运用有力的问题激发员工的思考，帮助他们打破思维局限，发现新的可能性。当员工感受到被理解、被信任，并且被给予自主探索的空间时，他们的内在动力将被极大地激发，从而能够主动地承担责任，追求更高的绩效目标。

在这样的管理环境中，员工不再是被动接受任务的执行者，而是逐渐成长为自我驱动、自我管理的职场精英，不断挑战自我，实现个人价值的最大化。

同时，本书也关注到了管理者的自我进化，为管理者提供了教练型管理的底层思维、需遵循的三大原则、心智模式以及生活工作同频进化的方法，从而助力其实现持续精进之旅。

对组织的价值：构建高绩效、创新型组织生态

从组织层面来看，《教练式管理》为打造高绩效、成长型组织提供了切实可行的路径。在传统管理模式下，组织内部往往存在层级森严、沟通不畅、员工积极性不高等问题，这些问题严重制约了组织的发展与创新能力。而教练式管理强调开放的沟通、相互信任与协作，能够有效地打破部门壁垒，促进信息在组织内部的自由流动与共享。一个充满信任与协作的组织环境，能够激发员工的创新思维，促进跨部门团队的合作，从而为组织带来源源不断的创新活力。

通过在组织内部推行教练式管理，管理者能够将员工的个人目标与组织目标紧密结合，让员工深刻理解自己的工作对组织整体目标的贡献，从而增强员工的归属感与责任感。同时，教练式管理注重培养员工的解决问题能力与决策能力，使组织在面对复杂多变的市场环境时，能够更加敏捷地做出反应，提升组织的整体竞争力。

对教练的价值：丰富教练的实践应用

对于专业教练以及有志于将教练应用于管理工作的管理者来说，《教练式管理》无疑是一本极具价值的实践宝典。这本书不仅系统地阐述了教练的核心原理与方法，更重要的是，它将教练与实际的管理场景紧密结合，为教练们提供了大量丰富且真实的案例与应用场景。书中详细介绍了如何在一对一辅导、一对多团队共创等不同管理情境中运用教练式管理，以及如何应对各种可能出现的挑战与问题。这些具体的实践方法与案例，为教练们在实际工作中运用教练式管理提供了宝贵的参考与借鉴，有助于他们更好地将教练式管理落地生根，发挥出最大的价值。

对世界的价值：推动以人为本的管理变革

从更宏观的视角来看，《教练式管理》所倡导的理念与方法，具有深远的社会意义与价值。在当今全球化竞争日益激烈的时代，世界各地的企业与组织都面临着前所未有的挑战与变革。传统的以利润为导向、以控制为手段的管理模式，已经难以适应时代发展的需求。而《教练式管理》所强调的以人为本、激发潜能、成长型思维等理念，为企业的管理变革提供了新的思路与方向。当越来越多的组织开始采用教练式管理，员工的工作体验将得到极大的改善，他们将在工作中感受到更多的尊重、信任与支持，从而提升工作满意度与幸福感。这种积极的工作氛围不仅有利于员工个人的身心健康与发展，也将对整个社会产生积极的影响，促进社会的和谐与进步。

作为刘胜红老师的埃里克森校友、同学与教练同行者，我有幸见证了她在管理与教练领域的成长与探索。胜红老师是一位极具热情与使命感的管理者和教练，她始终坚守"知行合一"的理念，致力于将知识与实践紧密结合。她期望自己不仅传授知识、技能与方法，更希望通过自身践行的生命状态去影响更多人。多年来，她不仅在自己的工作中践行教练式管理理念，取得了显著的成效，还致力于将这一理念传播给更多的人，帮助他们提升管理能力，改善团队绩效。她的专业精神与教练状态都令我深感敬佩。我要衷心地感谢胜红老师，感谢她为管理领域带来了这样一本优秀的著作，感谢她为推动教练式管理理念的普及与应用所做出的不懈努力。

《教练式管理》是一本具有深刻洞见与实践价值的管理佳作。它以教练及管理的理论与实践为根基，通过系统阐述教练式管理的核心原理、方法与应用场景，为个人、团队、组织、教练以及整个世界展现了一种以人为本的管理范式。我坚信，它将激励更多的管理者勇敢地迈出从传统管理向教练式管理转变的步伐，从而为个人的成长、组织的发展以及社会的进步注入新的活力与动力。让我们共同期待《教练式管理》所带来的影响力，以教练之光，照亮我们前行的道路。对话改变世界，我们一起在路上。

前言
PREFACE

学习教练技术的缘起

在撰写本书之际,我已学习并应用教练技术长达十年。目前,我是国际教练联盟(ICF)认证的专业级教练(PCC)。回顾这十年,教练技术为我的人生带来了重大转变,唤醒了我内心沉睡的潜能,改变了我的人生轨迹,重塑了我的管理哲学,并让我见证了企业管理者从"权威管控"到"激发赋能"的巨大转变。

此前,我担任企业培训工作者,于2015年开发并讲授"职业生涯规划"课程。每次课程结束后,总会有学员留下来向我询问关于职业生涯的困惑,我通常会结合自身经验为学员提供建议。

有一次课程结束后,一位学员留下来向我咨询。当时,她正面临与上级相处的问题,情绪十分低落,甚至想要换工作。听完她的讲述后,我建议她努力与上级建立信任,不要轻易更换工作。然而,一个月后,这位学员却选择了离职。这一场景如同楔子般深深嵌入我的职业认知之中——管理者与团队成员之间,究竟该如何跨越认知的鸿沟?我开始反思:作为一名培训讲师,我该如何更好地支持这位学员?是否有一种方式能够启发她自己找到解决问题的办法呢?

这时一位刚刚学习了埃里克森教练技术的同事向我提及，**教练技术或许正是我所寻觅的方法**。

正是这个反思与追问，将我引入了埃里克森教练技术的课堂。

从蒙眼疾行到生命觉醒

2015年底，在埃里克森的课堂上，我目睹国际教练技术培训师运用"未来导向的提问法"，让困顿的学员眼中重燃光亮。那一刻，我猛然顿悟：**真正的管理艺术，不是给出标准答案，而是激活他人内心的解题智慧**。

当时的我拥有多重身份，既是妻子、母亲，也是一位企业管理者。

生活中，我正处于情感的低谷期，教练伙伴运用教练对话帮我梳理清楚了我心目中理想的生活画面，那画面至今仍留在我的脑海里。我第一次如此清晰地知道自己想要什么样的生活。虽然已近中年，经历了婚姻和生儿育女，但从未如此深度思考过：**我到底想要什么样的亲密关系，我想成为一名怎样的妻子和母亲**。

那种状态宛如一个人蒙着眼睛疾步狂奔，迷失在忙碌与迷茫之中。自从学习了教练技术，感觉眼前这层面纱被揭开了，从此我的生命从无明混沌走向清明觉醒，我开始成为生命的主人。

当时，工作中同样面临巨大的挑战，我如同众多管理者的集体缩影：左手是企业高速发展的KPI重担和业务创新的压力；右手是新生代员工日益增长的自我实现需求。左手需要短期出结果，右手则需长期看发展。在我的内心深处，传统管理范式与新的管理理念剧烈撕扯：一个是根深蒂固的旧有习惯，一个是破土而出的萌芽种子。教练技术看似是一种管理工具，实则是实现认知升维的关键。

我逐渐将教练技术应用于团队管理之中，经过近十年的实践应用，到2023年底离开职场时，我已经成功转型为一名**"教练式赋能型"**管理者。我运用GROW模型与下属进行一对一辅导。在日常辅导中，我积极聆听下属的意见和建议，当下属带着问题向我寻求支持时，我用强有力的开放式问题启发他们自己去思考。

在运用教练技术的同时,我坚持多年练习正念冥想,提升觉察力和感知力,进行认知升维,提升心智成熟度。我营造了开放包容、互相信任的团队文化,激发团队成员释放潜能,以最佳状态开展工作。

在企业中推广和建设教练文化

学习教练技术之时,正是我刚入职新公司之际,公司正处于快速发展的阶段。管理者面临着业务发展和人员管理的巨大挑战,同时还有空降高管以及大量新人的加入,融入对公司上下都是一大挑战。在这个阶段,我通过一对一的教练辅导,支持和帮助了身边的许多同事和中高管。

之后,公司在中高管和高潜人员的培养项目中引入了"教练型领导力"和"教练式管理"的课程,我参与了部分项目的设计和授课,公司里有更多的人开始学习和应用教练技术。

2017年起,公司开始大力推广正念理念,越来越多的中高管及员工开始关注内在成长。公司本身具备了良好的基础:开放包容的企业文化、持续进化与关注成长的价值观、渴望突破且热爱学习的管理者与员工,以及完善的培训体系和管理机制。我们这些怀揣热情与情怀的教练技术学习者和实践者,共同推动教练文化在企业的落地生根,从上至下、全方位地建设教练文化。

我和团队发起了"清澈教练型领导力"项目,我承担了"教练型领导力"课程的讲授工作,同时开发了面向员工层面的"教练式沟通"课程,以便让更多人有机会学习和应用教练技术。

在这期间,我见证了许多管理者因学习教练式管理和教练型领导力而开启向内自我探索之门,实现业务破局,突破个人发展瓶颈,促进员工持续成长。组织焕发出新的活力,管理者更具同理心,愿意倾听下属,进行自我反思,展现出更多的包容与关怀。

有一位资深管理者在学习课程一个月后与我们分享,他意识到,过去辅导下属时，往往是他在主导讲话，如今他开始有意识地倾听下属，鼓励他们多发表看法。他第一次发现，下属竟有如此多的想法，而自己过去未免过于武断。

我期望将多年在企业积累的实践经验，包括曾经遭遇的挫折，与诸位分享。本书的共同作者双生老师是一位经验丰富的企业高管，我们携手执笔写下这本书，希望有更多的企业管理者、团队领导者能够运用教练式管理管理团队；也希望HR从业人员、教练技术的学习者能够共同推动教练式管理在企业落地生根。这是一种引领未来的先进理念和管理方式，能够帮助组织焕发新的活力，助力业务破局，促进人员持续成长。

尤其在AI技术蓬勃发展的当下，各类模型与应用正逐步深入我们的工作与生活，我看到了教练技术的独特价值——立足于"对人的理解与共情、倾听与好奇、相信与激发"，与AI携手并进，能够带来无限可能。

本书特点和定位

本书的最大特色在于其**高度的实战性**。两位作者均为教练式管理领域的资深实践者，多年深耕企业团队管理，积累了丰富的实践经验。书中特别设置"管理双重视角"（高管老肖的战略维度 + HRLD中层管理的落地视角），旨在帮助读者构建"既见森林又见树木"的立体认知，从宏观战略到微观落地，全方位把握管理精髓。

部分章节的"觉察时刻"思考题，堪称管理者自我觉察与认知升级的绝佳标尺；部分章节还配有相关练习，助力管理者将所学知识落地实践，切实提升管理能力。

这本书既可以作为教练式管理的教科书，涵盖理论、模型、流程、工具、案例、话术、练习等全方位内容，紧密结合企业常见应用场景，实现随学随练；也可以作为教练式管理的实用工具书，方便读者在实际应用中随时查阅参考。

作为一名职业讲师，我始终坚守"知行合一"的理念，致力于将知识与实践紧密结合。我期望自己不仅传授知识、技能与方法，更希望通过自身践行的生命状态去影响更多人。我的导师，埃里克森教练中心创始人玛丽莲·阿特金森女士，便是我心中的榜样。她充分释放了自己的潜能，活出了生命最美的姿态。即便年过八旬，她依然活跃于世界各地的讲台，以她的智慧与魅力影响着无数人，让他们真切地感受到教练技术的价值与力量，并成为她的坚定追随者。我衷心希望自己也能像她一样，成为他人生命中的光。

本书的内容结构如图0-1所示。

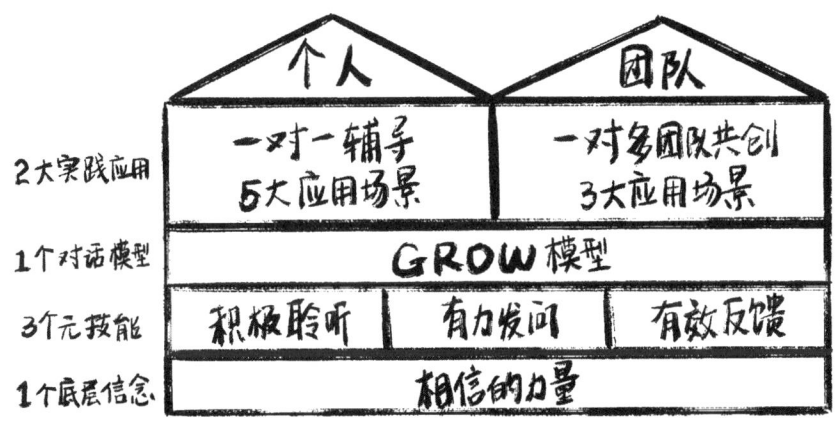

图0-1 本书的内容结构

本书内容共分为三大部分。第一部分是教练式管理的**基础篇**，涵盖三章内容。本部分由刘胜红主笔撰写。

第一章着重阐述管理者学习教练式管理的必要性，指出教练式管理是未来管理的发展趋势；剖析教练式管理的特点及其与其他管理方式的关系；阐释教练式管理为企业、管理者和员工带来的价值。

第二章深入探讨教练式管理的本质，即通过提升组织绩效，助力员工实现最佳绩效表现；强调运用教练式管理的管理者需具备的底层信念；引入三脑原理，为管理者深刻理解教练式管理提供坚实的理论支撑。

第三章系统介绍教练式管理所需的3个元技能：积极聆听、有力发问和有效反馈，并结合实际案例场景展开深入讲解。

第二部分是教练式管理**应用篇**，包括两章内容：一对一辅导和一对多团队共创。本部分由两位作者携手完成。

第四章详细介绍了"一对一教练式管理的GROW对话流程"，并重点剖析了实际工作中常见的5大应用场景，以及不同场景下适用的模型与工具。

第五章则聚焦于教练式管理在团队中的应用，系统介绍了团队教练流程、3大常见应用场景以及对应的模型与工具。

第三部分为**进化篇**，主要围绕第六章展开，深入探讨教练式管理者的自我成长与进化，以及持续精进的旅程。

此刻，轻轻合上这本凝聚了十年心血的书稿，玛丽莲老师在埃里克森课堂上的那句箴言再次回响耳畔："**真正的领导者，永远在创造更多领导者**。"

愿这本书成为你管理进化的火种，在照亮团队前行之路的同时，也能唤醒那个本自具足的真我，开启一段全新的成长旅程。

目录

第一章
教练式管理是未来企业管理的趋势　　001

1.1　顺应时代发展的趋势　　003
　　1.1.1　VUCA时代的挑战与机遇　　003
　　1.1.2　业务发展面临的巨大挑战　　003
　　1.1.3　新生代员工的管理挑战　　004
1.2　教练式管理的特点　　005
　　1.2.1　体验教练式管理　　005
　　1.2.2　教练式管理与其他管理方式的关系　　010
　　1.2.3　教练式管理的典型特点　　011
　　1.2.4　适用场景　　012
1.3　教练式管理的价值　　013
　　1.3.1　对企业的价值　　013
　　1.3.2　对管理者的价值　　015
　　1.3.3　对员工的价值　　016
觉察时刻　　018
练习　　018

第二章
教练式管理的本质和原理   019

- 2.1 教练式管理的本质   021
  - 2.1.1 教练技术的起源   021
  - 2.1.2 体育教练、教练式管理者和商业教练的区别   023
  - 2.1.3 教练的本质   024
- 2.2 教练式管理的底层信念   027
  - 2.2.1 管理者相信员工   028
  - 2.2.2 管理者相信自己   031
  - 2.2.3 让员工相信自己   032
- 2.3 教练式管理的运作原理   033
  - 2.3.1 本能脑   034
  - 2.3.2 情绪脑   035
  - 2.3.3 理性脑   038
  - 2.3.4 如何在教练式管理中运用三脑原理   039
- 觉察时刻   040

第三章
教练式管理3个元技能   041

- 3.1 积极聆听——注入动力的燃料   043
  - 3.1.1 积极聆听的重要性   043
  - 3.1.2 聆听的六大障碍   044
  - 3.1.3 聆听的三个层次：从本能到共情   045
  - 3.1.4 行动工具箱：从知道到做到   050
- 觉察时刻   056
- 练习   056

3.2 有力发问——点燃思维的引擎 057
  3.2.1 有力问题的价值 057
  3.2.2 有力问题的五种类型 058
  3.2.3 警惕三类"杀手"问题 060
  3.2.4 有力问题的三大实战武器 062

觉察时刻 066

实战练习 066

情境练习 066

3.3 有效反馈 067
  3.3.1 有效反馈的价值 067
  3.3.2 反馈中的常见问题及其负面影响 068
  3.3.3 有效反馈的四个特点 069
  3.3.4 有效反馈的五项原则 069
  3.3.5 反馈的心理学基础 070
  3.3.6 反馈的三个类型 071
  3.3.7 有效反馈的模型及技巧 074

觉察时刻 076

练习 076

情境练习 077

参考话术 077

第四章 CHAPTER 4
教练式管理实战应用（个人） 079

4.1 GROW对话流程 081
  4.1.1 GROW对话流程介绍 081
  4.1.2 GROW对话的前提——建立信任 088
  4.1.3 养成教练思维 089

4.1.4　GROW问题清单　　　　　　　　　　　　　　090
　4.2　一对一辅导案例　　　　　　　　　　　　　　　　093
　　案例一　唤醒沉睡的雄心
　　　　　　——赵磊的重启之旅（激发动力）　　　　　094
　　案例二　把岔路走成通途
　　　　　　——王帅的职业再选择（职业发展辅导）　103
　　案例三　让谨慎者绽放
　　　　　　——张峰的挑战跃迁　　　　　　　　　　114
　　案例四　拆掉看不见的墙
　　　　　　——田鹏的项目突围　　　　　　　　　　123
　　案例五　校准"优秀"的刻度
　　　　　　——王燕的绩效对话（呵护团队中坚）　　134

第五章
教练式管理实战应用（团队）　　　　　　　　145

　5.1　团队教练介绍　　　　　　　　　　　　　　　　147
　　　5.1.1　团队教练的价值　　　　　　　　　　　　147
　　　5.1.2　团队教练和一对一辅导的共性和差异　　　148
　　　5.1.3　团队教练流程说明　　　　　　　　　　　150
　　　5.1.4　团队教练五步法的三个原则　　　　　　　159
　5.2　一对多团队共创案例　　　　　　　　　　　　　159
　　案例一　团队教练流程
　　　　　　——周例会　　　　　　　　　　　　　　160
　　案例二　团队教练流程
　　　　　　——脑暴会　　　　　　　　　　　　　　164
　　案例三　团队教练流程
　　　　　　——复盘会　　　　　　　　　　　　　　171

第六章
管理者的自我进化　　179

6.1　成长型思维：教练式管理的底层思维　　181
6.1.1　面对能力　　182
6.1.2　面对挑战　　182
6.1.3　面对挫折与失败　　183
6.1.4　面对负面反馈　　184

6.2　教练式管理者需遵循的三大原则　　185
6.2.1　第一个原则：以人为本，视人为人　　185
6.2.2　第二个原则：相信慢就是快　　186
6.2.3　第三个原则：直面挑战　　187

6.3　工作生活同频进化　　187
6.3.1　个人活出内外一致性　　188
6.3.2　构建信任关系的团队生态　　188
6.3.3　营造和谐友爱的家庭氛围　　189

6.4　匹配的心智模式　　190
6.4.1　心智成长的四个层次　　190
6.4.2　心智层次在教练式管理中的体现　　193

6.5　持续精进之旅　　195

觉察时刻　　198

参考文献　　199

致　谢　　201

CHAPTER
1

第一章

教练式管理是未来企业管理的趋势

> 管理的本质,是激发人的善意与潜能。
> ——彼得·德鲁克《管理的实践》

1.1 顺应时代发展的趋势

1.1.1 VUCA时代的挑战与机遇

当今企业正处于VUCA时代，这是一个充满不确定性、模糊性、易变性和复杂性的时代。疫情之后，全球经济环境愈发复杂多变，市场竞争愈发激烈，新技术层出不穷，尤其是人工智能（AI）的崛起，正在颠覆传统的行业格局和企业的运作模式。各行各业都面临着前所未有的压力与挑战。

作为企业的中坚力量，管理者肩负着巨大的责任。VUCA时代的业务问题和管理问题愈发复杂，管理者逐渐意识到，过去的成功经验已难以指引未来的发展方向，"旧地图已经找不到新大陆"。调适性问题日益增多，这类问题相较于技术性问题更具挑战性。

例如，AI技术将为企业带来哪些机遇与挑战？如何在企业中落地应用？企业需要做出哪些战略调整？对现有人员会产生怎样的冲击与影响？未来岗位将如何设置？又对人员能力提出了哪些新的要求？

这些问题大多是管理者未曾遇到过的，它们要求管理者必须打破旧有的思维模式、更新认知理念，并变革管理方式。传统的以告知、命令和指挥为主的管理方式已不再适用。管理者需要具备动员团队成员以及利益相关方共同面对挑战的能力。

1.1.2 业务发展面临的巨大挑战

近年来，越来越多的企业步入精细化运营阶段，不再依赖突飞猛进的扩张。效益增速放缓，甚至出现萎缩，业务发展遭遇瓶颈，企业不得不寻找新的突破点。成熟业务亟待变革创新，新型业务仍在摸索尝试。

战略调整与组织架构优化成为当务之急。众多企业通过裁员以降本增效，现有岗位发展空间受限，晋升机会减少。管理者手中的激励手段愈发有限，而员工中"躺平"心态蔓延，内卷内耗现象严重。如何激发员工的自主能动性，实现业务破局，成为大多数企业管理者面临的共同课题。

管理者需要放下身段，与下属建立平等的伙伴关系，营造安全、信任、开放的团队文化，倾听并鼓励团队成员积极参与，群策群力，共同寻找解决问题的方案。

1.1.3 新生代员工的管理挑战

除了应对业务挑战，管理者还面临着新生代员工的管理难题。90后、00后逐渐成为职场主力军，他们自我意识强烈，高度重视自主性。他们渴望管理者给予充分的自主空间，不愿被过多条条框框束缚；他们期待被平等对待，反感传统的指令性和说教式管理方式。这种管理方式正面临前所未有的挑战。

在我的团队中，大部分成员是90后和95后。他们思维敏捷、个性张扬，有自己的主见，敢于尝试新事物。这些新生代员工大多成长于物质丰富的时代，家庭条件优渥。根据马斯洛需求理论（见图1-1），他们的生理和安全需求已得到充分满足，如今更加关注更高层次的需求，如爱与归属、尊重以及自我实现。他们渴望深度的人际连接，追求被尊重、被看见、被认可，同时也更加注重工作的意义感和价值感。如果他们觉得工作缺乏意义和价值，得不到管理者的平等对待，看不到职业发展空间，他们可能会毫不犹豫地选择离开。

教练式管理将下属视为平等的伙伴，关注他们的个人成长。通过倾听和提问，激发他们的内在动机，帮助他们明确目标，洞察目标背后的深层意义和价值，从而激励他们探索实现目标的策略和方案，提升个人绩效表现。

教练式管理是企业管理者面向未来的核心能力，顺应了时代发展的潮流。

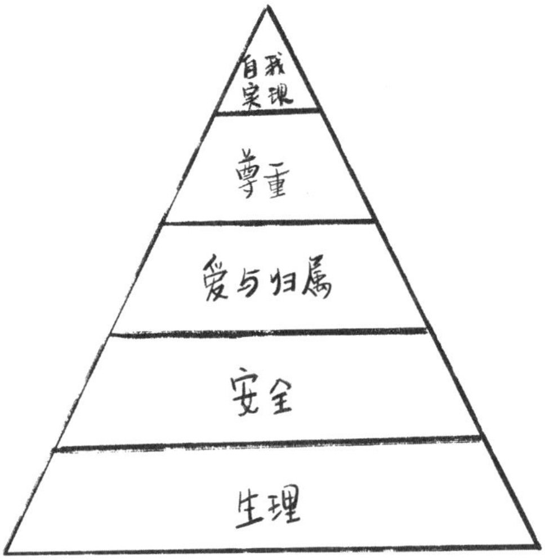

图1-1 马斯洛需求理论

管理者通过运用教练式管理，赋能员工释放无限潜能，激发员工的主观能动性，提升员工的投入度和敬业度，从而为员工、团队和企业带来更卓越的绩效表现。

1.2
教练式管理的特点

1.2.1 体验教练式管理

作为一名管理者，肩负着带领团队完成充满挑战任务的职责，这是企业对管理者的角色定位。他们要始终围绕着公司制定的目标，带领团队共同实现。

在日常管理中，常见的管理方式主要有以下三种。

家长式管理：这种管理方式非常常见，尤其在家族企业和一些中小型企业中。它以权威为中心,强调上下级关系,主要管理行为是命令与控制,以"管理者"为核心,代表着权力和权威。它营造的是一种服从文化,下属多是服从和执行,意见和建议往往不被重视,决策过程缺乏民主讨论。

这种方式可能会限制员工的自主性和创造性。在管理过程中,一些管理者会以"家长式"的身份对下属进行管教、批评、指责、说教,甚至嘲讽或辱骂,下属难以感受到尊重和平等对待。

家长式管理适合强调规范化、标准化和流水线作业的企业,但在注重创新和员工自主性的现代企业中,面临着诸多挑战。

英雄式管理: 这种方式以管理者个人的魅力、能力和权威为核心,强调管理者在组织中的"英雄"地位。管理者通常亲力亲为,以身作则,为下属树立榜样,激励他们追随。决策权依然掌握在管理者手中,他们凭借经验和直觉快速决策,很少让下属参与。

这种方式强调结果导向,通过设定挑战性目标,激发员工的情感(如激情、忠诚),推动团队前进,营造"追随英雄"的氛围。然而,这种方式往往忽视了对下属潜能的激发,管理者压力过大,长期可能对其身心健康造成负面影响。

英雄式管理适合需要强领导和快速行动的情境,如创业公司、危机处理或竞争激烈的行业,但在当今VUCA时代,这种方式存在较大风险。一旦团队过度依赖"英雄"解决问题,当遇到"英雄"能力之外的挑战或"英雄"故步自封时,团队可能会陷入困境。

导师式管理: 这种方式注重下属的成长和发展,强调指导与支持。与家长式和英雄式管理相比,导师式管理既关注目标的达成,也关注下属的个人发展。导师式管理者在辅导下属时,通常会给出自己的建议、具体的操作方法,并分享自己的实践经验,同时也会询问下属的感受和反馈。

这种方式注重建立双向沟通,鼓励下属表达意见和想法,支持他们自主完成任务。它在一定程度上激发了下属的自主性和独立思考能力,但主要仍以"直接传授"的方式进行辅导,员工多处于被动接受状态。

这种方式适用于下属能力和经验不足的情况，如职场新人，或处于职业转型关键期的员工，他们需要更多的经验分享和指导。

关于以上三种管理方式，来看一段简短的日常对话，面对同样的场景，不同的管理方式是如何回应的。

情境一：家长式管理

下属："领导，这个客户提出的要求太过分了，我实在搞不定。"

上级："这点小事就搞不定啦？想当年我遇到过比这更难缠的要求，都不在话下。现在的年轻人真是不扛事，遇到点芝麻大的事就退缩。"

下属："……"

这便是典型的家长式管理场景，上级不认可、不倾听，一味批评、指责和说教，动辄扣帽子。回想一下，你是否也曾遇到过类似情况？当时感受如何？想必是满心委屈与沮丧，不仅未得到上级的支持与理解，反而被评判、数落一番。这种管理方式不仅无助于解决问题，反而会严重打击下属的积极性。在此，也邀请身为管理者的你反思一下，在管理过程中是否也曾出现过类似情况？其频率又是怎样的？

情境二：英雄式管理

下属："领导，这个客户提出的要求太过分了，我实在搞不定。"

上级："行，我知道了。这个客户我比较熟悉，一会儿我给他打电话沟通一下。"

下属："好的，谢谢领导。"

这是典型的英雄式管理场景，上级亲自出马，亲力亲为。下属轻而易举地将自己背上的"猴子"转移到领导身上。

这种管理方式或许能解一时之围，但长此以往，诸多弊端便会显现。管理者将陷入无休止的忙碌，因为他们大部分时间都在替下属完成任务，角色严重错位，无暇顾及本应承担的管理职责，如战略规划、团队建设、机制完善等。而下属则成长缓慢，对上级形成强烈依赖，难以培养主动思考和解决问题的能力。此类现象在企业中屡见不鲜。

情境三：导师式管理

下属："领导，这个客户提出的要求太过分了，我实在搞不定。"

上级："别着急，我之前也遇到过类似情况。根据我的经验，你可以这样做……"

下属："好的，我去试试看。"

这便是典型的导师式管理场景，上级直接给出建议和方法。大家不妨思考一下，这种管理方式会带来怎样的结果？下属按照上级的建议行事，或许能解决问题，也可能无济于事。毕竟客户情况各异，市场瞬息万变。长此以往，下属容易对上级产生过度依赖，缺乏自主解决问题的意识和能力。一旦上级的建议和方法不奏效，下属便可能将责任推给上级："你看，这是你给我的建议，根本行不通。"如此一来，下属主动担责的意识便大打折扣。

若上述情境采用教练式管理，沟通方式又将如何呢？让我们一同来感受。

情境四：教练式管理

下属："领导，这个客户提出的要求太过分了，我实在搞不定。"

上级："到底发生了什么情况？你先跟我说说。"（**先倾听下属，了解情况**）

下属："他们又增加了两项新要求，还不追加预算，要求一周内完成。这怎么可能？一个月能完成就算不错了，我上哪儿调资源去？"

上级："你都做了哪些沟通？尝试了哪些方法？"（**继续提问，了解情况**）

下属："我跟客户说，这个需求很难满足，要不先加一项。他们说这是上级领导要求的，必须两项都加。我也跟后台部门沟通了，大家都说时间太紧，一周内很难完成。哎，愁死我了。"

上级："别着急。这个客户具体是什么情况？如果这次我们满足了他们的需求，能给公司带来哪些价值？如果满足不了，又会造成什么损失？"（**引导下属思考意义、价值及潜在风险**）

下属："这是咱们行业的重量级客户，他们这次也是顶着集团总部的压力。如果这次我们能满足他们的需求，对后续建立信任和长期合作肯定大有裨益。如果满足不了，短期内可能会失去客户信任，长期来看，甚至可能丢掉这个客户。"

上级："嗯，我明白了。那你觉得，这次我们做到什么程度，客户才会满意？"（明确客户满意的标准）

下属："根据我对他们的了解，主要看我们能否展现出积极配合的态度。时间上，或许可以稍微宽限一些。"

上级："针对这种情况，你认为我们还可以做些什么？"（启发下属思考）

下属："我会继续与客户保持沟通，让他们看到我们的努力和诚意。同时，再去找后台部门的同事沟通，强调这个客户的重要性和紧迫性。如果实在不行，还得请您出面协调。"

上级："好的，没问题！有需要随时找我。"（给予理解与支持）

下属："好的，谢谢领导。"

这便是教练式管理在日常管理中的典型应用。

与前面三种管理方式相比，教练式管理有何独特之处？如果你是那位下属，又会有怎样的感受？是否感受到了尊重、理解和被支持？运用教练式管理的上级并没有一上来就批评、指责，或直接冲上去解决问题，也没有直接给出建议和方法。而是先倾听下属，了解情况，通过提问探索下属的盲区与潜力区，帮助下属看到更多可能的解决路径，洞察事情做成后的意义和价值，明确客户的期待和满意标准。在此基础上，再次启发下属思考还能做些什么。由于方法和解决方案是下属自己想出来的，他们的自信心将大幅提升，执行意愿也会更强。

当然，或许有人会问，如果下属在被提问后表示无计可施，又该怎么办？这时，可以变换提问方式，或者直接与下属共同探讨如何应对，提出一些建议和解决问题的思路。这正是教练式管理的精髓所在。作为企业管理者，我们并非专业教练，而是灵活运用教练技术来辅导下属。

教练式管理的核心在于通过倾听、提问和反馈等手段，激发下属的内在动力，帮助他们自主找到解决问题的方法，从而提升其自主性和创造性，促进其长期的个人发展和绩效提升。

同样的情境，不同的管理方式，结果大相径庭。家长式的批评指责会打击下属的积极性，令其自信心受挫；英雄式的亲力亲为和导师式的直接给方法、给建议，容易导致下属过度依赖，自身能力难以提升；而教练式管理既能激发下属主动思考，又能促进其积极行动。人们对于自己想出的办法，执行意愿更高，动力更足；同时，这也有助于培养下属主动担责的意识，毕竟方法是自己想出来的，行动是自己执行的，他们要为自己的行动结果负责。

当然，每种管理方式都有其适用场景，并无绝对的对错优劣之分。管理者应根据具体情境，灵活选择相应的管理方式。

表1-1是四种管理方式的要点对比。

表 1-1 四种管理方式的要点对比

管理方式	互动关系	行为方式	下属能力	下属意愿	适用企业/场景
家长式	上下级	命令、指挥、控制、说教	停滞或缓慢	低	注重规范化、标准化、流程化
英雄式	上下级	亲力亲为	提升缓慢	较低	注重经验、突破
导师式	师徒式	给建议、告知、传授	提升较快	中等	注重员工成长；新人
教练式	伙伴关系	激发、赋能、鼓励、支持	快速提升	高	注重创新，应对变化

1.2.2 教练式管理与其他管理方式的关系

在教练式管理的学习与推广过程中，部分管理者及培训讲师常陷入一种误区，认为教练式管理是万能的、唯一的最佳辅导方式。然而，教练式管理虽极具实效，却非万能，亦有其不适用的情境。其他管理方式各有其应用场景，管理者需根据具体情境灵活运用。

例如，当上级多次辅导后，下属仍反复犯错，此时家长式批评指正是必要的；若问题复杂，下属经多次沟通、尝试仍无法解决，上级亲自出马亦是应有之义。在新业务摸索阶段，上级需以身作则，冲锋陷阵；面对紧急情况，处于"救火"状态时，上级需迅速给出指令和方法，先解决问题。

由此可见，教练式管理与其他管理方式并非对立关系，而是**共生共存**（见图1-2）。不同管理方式各有优势与局限、适用场景，管理者需综合灵活运用，方能发挥最大效能。

图1-2 管理方式间的关系

1.2.3 教练式管理的典型特点（见图1-3）

既关注事也关注人：既关注事情的达成，也关注下属的感受与成长。

平等的伙伴关系：运用教练式管理的管理者并非高高在上的上级，而是与下属建立平等的伙伴关系。他们相信下属具备能力与潜能，只是需要被激发与唤醒。

目标导向（未来导向）：始终围绕目标展开对话，聚焦于想要实现的目标。了解目前遇到的问题，回顾尝试过的方法，并探讨还可采取的其他方法（方案）。

赋能型的管理行为：采取的行为是激发、启发、鼓励、认可、理解与支持。

图1-3 教练式管理的典型特点

1.2.4 适用场景

教练式管理的适用场景十分广泛，包括但不限于目标设定、解决问题、绩效面谈、职业规划、激发动力、团队合作、团队复盘等。后续章节将结合具体事例与场景展开深入介绍。

然而，教练式管理也有其局限性，以下场景不太适用教练式管理。

时间紧迫：如前文所述，若处于"救火"状态，教练式管理难以施展。此时，管理者需直接给出指令，优先解决问题。

下属意愿度低：若下属意愿度不高，教练式管理难以展开。若下属更倾向于直接获取建议，而非被启发，此时教练式管理可能引发反感，效果不佳。

下属能力弱：对于能力与经验不足的下属，教练式管理需谨慎使用。例如新员工或刚转岗晋升的员工，他们尚未积累相关经验，需配合其他培养手段，如安排培训或配备导师。

信任度低：教练式管理需下属敞开心扉，愿意深入探索，才能达到预期效果。若与上级信任度低，对话难以深入，效果也会大打折扣。

1.3 教练式管理的价值

1.3.1 对企业的价值

1. 提升组织绩效（见图1-4）

教练技术最早在20世纪70年代的美国商业领域得到应用。众多企业引入并推广教练技术，经过大量实践验证，其作为一种新型管理方式和理念，效果显著。

图1-4 提升组织绩效

我曾与GE亚太区推广教练文化的同人交流，她提到GE为应对快速变化的商业环境，提升员工技能和管理者领导力，全球推广教练技术。这不仅助力企业实现短期绩效目标，更推动长期文化转型和组织发展，使GE在全球竞争中保持领先地位。

众多知名企业，如IBM、微软等传统巨头，以及新型互联网公司Google等，纷纷引入教练技术。许多外企为高管配备一对一的教练，吴士宏在《越过山丘》中提到，她最早接触教练也是因公司为其配备一对一教练，时间大约在20世纪90年代。

国内教练技术的兴起与外企引入高管教练、推广教练技术在管理中的应用密切相关。如今，国内众多公司如华为、联想、腾讯、滴滴等，也在中高管和高潜人员的培养项目中引入"教练型领导力"和"教练式管理"课程。

教练技术在管理中的应用，有助于企业实现文化焕新，助力企业从"**传统式管理**"向"**赋能型管理**"转变。

2. 促进部门间协作

拥有教练思维的管理者和领导者，更容易实现部门间的协同合作，打破部门墙。部门墙是许多企业面临的组织问题，而拥有教练思维的管理者更具同理心，善于换位思考，更加开放和包容。

我曾听一位德国药业中国区负责人分享，他是一位教练型领导者，学习和应用教练技术多年。主持人问他："**在企业里，你是否遇到过冲突或难以理解的情况？**"他回答："现在很少了。先放下评判，多倾听对方，试着站在对方的角度去思考，就没有什么不能理解的。"

3. 提升员工敬业度和忠诚度

运用教练式管理的管理者是赋能型管理者，他们尊重下属，将下属视为平等的伙伴，更容易与团队成员建立信任关系。同时，他们非常开放，放下个人的评判和先入为主的观念，愿意倾听下属，这样下属更容易敞开心扉表达自己的观点和想法，实现双向沟通。

他们通过激发、鼓励、支持和认可等管理行为，让下属感受到尊重与被重视，从而更有动力开展工作。团队成员不再是恐惧驱动，而是信任驱动，每个人的潜能可以得到最大程度的释放。

教练的本质在于激发每个人的潜能，助力每个人达到最佳状态。运用教练式管理的管理者会深入了解每一位下属，了解他们的优劣势、价值观、兴趣爱好和工作动机，帮助每位员工做好职业发展规划，助力每位下属发挥优势，以最佳状态投入工作。

这样会很大程度上提升员工的敬业度和忠诚度，他们自愿自发地愿意贡献自己的聪明才智。

1.3.2 对管理者的价值

1.助力管理者实现突破性成长

管理者若要转型为教练式管理者,不仅需要掌握教练技术,更需提升自我觉察力与对人心的洞察力。

在教练式管理过程中,管理者需放下评判,克制给建议的冲动,不仅要倾听员工的言语内容,更要关注员工的整体状态——觉察员工的情绪,引导情绪管理,还要捕捉"**话外之音**",洞察员工未表达的深层需求与渴望。这对管理者的心智成熟度提出了更高要求。

在辅导下属的过程中,管理者将获得极大锻炼,也会面临诸多挑战。我自身便经历了这样的成长历程:持续学习,不断自我澄清与明晰,才能更好地指导他人。若我们无法觉察自身情绪,便难以感知下属情绪;若我们无法管理自身情绪,便难以疏导下属情绪。若我们未曾深入探索自身的愿景、使命与价值观,便难以激发下属的使命感;若我们未曾规划自身职业发展,也难以助力下属进行职业规划。因此,成为"教练式管理者"是一生的修炼与成长之旅,管理者将从中获得深刻而持久的收益。

第六章将专门探讨管理者的自我成长之路。

2.打造高绩效团队(见图1-5)

图1-5 打造高绩效团队

运用教练技术辅导下属的管理者，往往具备更加成熟的心智，通常处于"独立自主"与"相互依赖"这两个更高层次。（见图1-6）

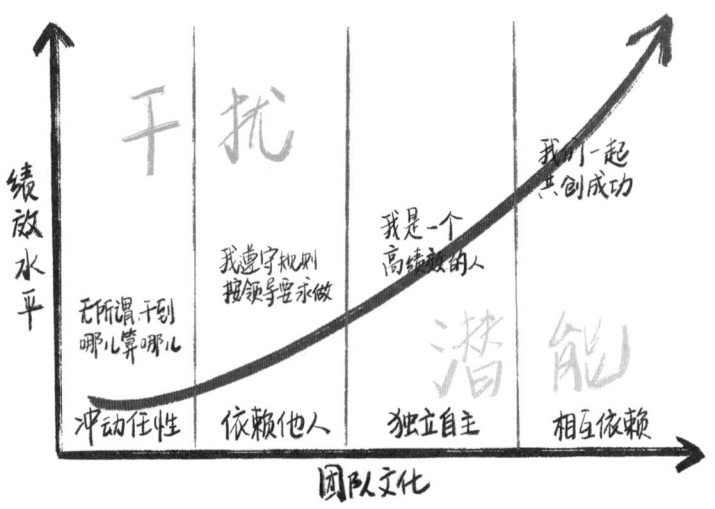

图1-6 "绩效曲线"图

他们所打造的团队文化，以互信与互赖为基石。团队成员之间坦诚沟通，对不同观点保持开放包容的态度。团队成员自我驱动，对实现高绩效充满渴望。

教练式管理者善于以公司与团队的愿景、使命来激励员工，帮助员工看清自身工作与企业目标之间的紧密联系，意识到自身工作的深远意义与价值。

清晰的目标、使命驱动、彼此信任、高度协同，以及强烈的归属感与责任感，共同构成了高绩效团队的典型特征。

1.3.3 对员工的价值

1. 获得持续成长

《人人文化》一书中提到，未来的企业必须同时关注商业成功与员工成长，二者缺一不可。

运用教练式管理的管理者高度关注下属的个人成长，将下属视为平等的伙伴，给予充分的尊重与认可。管理者放下评判与建议，用心倾听下属，站在下属的角度去理解他们，激发下属主动思考，从而显著提升下属的自我接纳度与自信心。

在企业中，部分教练式管理者不仅在日常辅导中运用教练技术，还会为团队制定系统的成长与培养计划，建立学习机制，通过培训项目、共同读书、经验分享等多种方式，促进团队持续学习。

我曾接触过这样的团队，发现其成员整体状态积极正向，开放包容。在与他们合作的项目中，我敢于给予建设性反馈，因为他们总能发自内心地虚心接受，并在后续工作中不断改进与调整。

许多教练式管理者不仅自己学习和应用教练技术，还鼓励团队成员学习教练技术，进行自我教练。

2.提升职业幸福感和归属感（见图1-7）

在教练式管理者营造的团队文化中，员工的职业幸福感与归属感显著提升。

图1-7 提升职业幸福感和归属感

在这样的团队中，成员之间是平等互赖的关系，彼此信任，深度连接，高度协作，敞开心扉。团队成员之间如同家人、朋友，是一群拥有共同目标与使命的伙伴，彼此是值得依赖与信赖的工作伙伴。在需要支持时，团队成员总能给予强有力的支撑。因此，员工的职业幸福感与归属感非常强烈。

觉察时刻

1. 你所在的企业当前是否正面临管理方式上的挑战？这些挑战主要源于哪些方面？

2. 你认为你的企业是否有必要引入教练式管理？为什么？

练习

1. 在接下来的一周内，请觉察并记录你日常管理中主要采用的是哪种管理方式。

2. 主动与2~3位下属进行沟通，了解在他们眼中你通常采用的是哪种管理方式。同时，与他们探讨本章所提到的几种管理方式，倾听他们的想法与期待。

通过以上两项练习，你对自己的管理方式有哪些新的发现与感受？

CHAPTER 2

第二章

教练式管理的本质和原理

真正的教练式领导，是帮员工将"我不能"转化为"我如何能"——这便是潜能的开关。

——约翰·惠特默《高绩效教练》

上一章指出，教练式管理正逐渐成为未来企业管理的重要趋势，阐明了其对企业的价值以及与其他管理方式的关系。本章将深入探讨**教练式管理为何有效，并揭示其背后的运作机制**。

2.1 教练式管理的本质

在探讨教练式管理的本质之前，有必要先了解教练技术的起源与发展。

2.1.1 教练技术的起源

教练技术起源于20世纪70年代的美国，最初应用于体育领域。哈佛大学教育学家、网球专家蒂莫西·高威在网球训练课程中意外发现，一位临时担任教练的滑雪指导员所教授的学员，其进步速度竟然超过了由专业网球教练指导的学员。高威对此现象展开研究，发现专业网球教练对动作要求严格，频繁示范与纠正，使学员过度关注技术细节，反而在实战中手忙脚乱。他指出，学员内心存在诸多干扰因素，例如对动作规范性的担忧、对失败的恐惧等，影响了其临场发挥。

由于滑雪教练不具备网球专业知识，他转而采用开放式提问的方式，引导学员将注意力集中在网球的运动轨迹上，而非拘泥于技术细节。学员根据来球方向自主调整动作，注意力集中在球的动态上，而非机械模仿标准动作。这种方式赋予学员更大的自主性，使其身心放松，从而提升了学习效果。

例如，教练可能会提出以下问题：

- "你会如何调整身体姿势来接住飞来的网球？"（该问题引导学员关注身体与球的互动，而非单纯追求动作的标准化。）
- "在你看来，打球的关键是什么？能否用几个关键词提醒自己专注于球？"（这类问题有助于学员提炼出如"反弹""击球"等关键词，并通过大声重复这些词语，强化注意力，从而提升表现。）
- "你认为有哪些方法可以提升专注力？"（通过此类提问，学员可自主探索，例如专注于球拍缝隙等细节，从而进入更深层次的专注状态。）

此后，蒂莫西·高威撰写了《网球的内心博弈》(*The Inner Game of Tennis*)，其中文译本名为《身心合一的奇迹力量》。他指出，运动员在激烈的外部比赛之外，还在内心进行着一场"内在比赛"。他强调，**真正的对手并非赛场上的竞争者，而是自身内心的障碍。**

几年前，我曾学习网球，对此深有体会。在学习过程中，教练通常先教授基本动作，并不断纠正我的姿势。于是，我在打球时总是过度关注动作是否规范，反而忽略了球本身。一边试图规范动作，一边击球，脑海中还不时响起这样的声音：**"这个动作教练已经纠正过好几次了，怎么还没学会？千万别出错，否则又要被批评。"** 这种心理负担使我异常紧张，每次训练后不仅手臂酸痛，内心也充满恐惧。

这一现象与管理者的辅导方式颇为相似。在企业中，通常只有那些专业能力突出、经验丰富、业绩优异的员工，才有机会晋升为团队管理者。然而，在辅导下属时，许多管理者往往以自己的经验为标准，过度关注操作细节。一旦发现下属的做法与自己习惯的方式不一致，便容易产生情绪波动，甚至批评指责。这种行为会给下属带来巨大压力，使其心生恐惧，担心因表现不佳而受到责备，甚至陷入自我怀疑，内心戏不断上演。

当然，这也可能引发一种误解，即认为专业运动项目无须本领域教练指导，其他领域的教练同样可以胜任。对此，我并不认同。任何运动项目都需要扎实的基本功，动作规范是基本要求。如果教练在教学中能结合"启发式"辅导技术，不仅能提升训练效果，更有助于激发运动员的潜能。

此后，教练技术逐渐从体育领域扩展到商业管理。许多国外企业开始引入教练机制，为高管配备专业教练，并培训管理者掌握辅导技能。企业中所应用的教练技术融合了心理学、语言学、脑科学、管理学、认知行为学与社会学等多学科理论，既具备坚实的理论基础，也配备了丰富的实用工具与方法。

如今，教练技术被誉为"最具革命性"的企业管理方法之一，已成为组织应对VUCA（易变性、不确定性、复杂性、模糊性）环境、提升整体效能的重要手段。其应用范围也不断拓展，涵盖企业管理、教育培训、家庭关系、心理健康等多个领域。

2.1.2 体育教练、教练式管理者和商业教练的区别

近年来，随着教练技术的广泛推广，各类商业教练如雨后春笋般涌现，服务领域也日益细分，涵盖亲密关系、亲子关系、职业规划、情商发展、高管领导力等多个方向。

许多人对体育教练、教练式管理者与商业教练之间的区别存在混淆，表2-1将对这三者进行简要辨析。

表2-1 体育教练、教练式管理者与商业教练简要辨析

	体育教练	教练式管理者	商业教练
教练对象	运动员	下属	客户
主要关系	领导与被领导关系	上下级关系	合作关系
主要角色	上级、家长、导师、伙伴	上级、家长、导师、伙伴	支持者、陪伴者、伙伴
主要目标	带领团队取得名次	带领团队取得业绩，培养人才	解决问题，促进成长
专业技能谁强	运动员	下属	客户
谁参与或执行	运动员	下属	客户
谁对结果负责	教练	管理者	客户
主要行为	教授、倾听、提问、反馈、指导	倾听、提问、反馈（适度提供建议）	倾听、提问

通过表2-1的对比可以看出，体育教练、教练式管理者和商业教练有相似之处，同时也有一些不同之处。

体育教练与教练式管理者在多个方面更为相似，二者均与团队成员保持紧密联系，并共同承担责任。教练式管理者主要通过倾听、提问与反馈等方式，激发下属自主思考与解决问题。当下属确实无法找到解决方案时，管理者也可适当提供建议与经验分享，毕竟其需对最终结果负责。

相比之下，商业教练通常通过倾听与提问，引导客户自主思考、探索解决方案，通常不直接提供建议。客户对自身的结果负责，教练则扮演外部支持者与陪伴者的角色。

有人可能会提出，部分商业教练在辅导中也会提供建议。一般而言，教练在正式对话中应避免直接给出建议，但在辅导结束后，若客户主动寻求意见，教练可酌情提供参考建议。

2.1.3 教练的本质

那么，教练技术为何如此有效？其本质究竟是什么？蒂莫西·高威提出了一个"内心博弈"公式（见图2-1），精准地概括了教练的核心理念：

$$绩效 = 潜能 - 干扰$$

$$P（performance）= P（potential）- I（interference）$$

从该公式可见，绩效取决于两个关键因素：潜能与干扰。二者相互作用，共同决定了个体的实际表现。

高威指出，教练的本质在于**最大限度地释放和激发个体潜能，帮助其实现最佳表现**。

教练式管理者应通过教练式管理，激发并放大员工潜能，同时减少各类干扰因素，从而提升员工个人绩效，进而推动组织整体绩效的提升。

那么，什么是潜能？

潜能，即潜在能力，是指个体尚未充分开发或展现的能力、特质或可能性。它是人类内在的一种资源，在适当条件下可被激活并实现。

图2-1 "内心博弈"公式

它包括智力潜能（如学习能力、创造力）、情绪潜能（如情绪调节能力）和社会潜能（如人际交往能力）。

教练式管理者应帮助员工识别并挖掘自身优势，理解每位员工的独特品质、核心价值观与内在信念，从而充分调动其内在资源。

那么，什么是干扰？

在实际工作中，员工常常面临各种干扰因素，这些因素阻碍了潜能的释放，导致绩效无法达到理想水平。

这些干扰可分为两大类：外在干扰与内在干扰（见图2-2）。

根据调研，员工所面临的外在干扰主要来自以下几个方面：

- 企业内部：企业文化、制度机制、流程设计、组织结构。
- 上级领导：管理风格、管理水平、心智成熟度。
- 部门协作：跨部门沟通与协作效率。
- 外部环境：与外部利益相关方的关系及利益冲突。

面对上述外在干扰，管理者能够直接掌控的，唯有自身（企业内部）。因此，要提升员工绩效，管理者应尽量减少企业内部对员工造成的干扰。这也解释了为何企业高度重视管理者能力的提升——因为管理者的行为与风格，往往会成为员工潜能发挥的制约因素。

图2-2 外在干扰和内在干扰

对于企业文化、制度机制等其他干扰因素，管理者往往难以直接改变，只能通过自身行为或协助下属施加影响，逐步推动改善。

因此，管理者除了持续自我提升，还应深入了解员工的内在干扰，从而更有效地帮助其减少这些障碍。

在职场中，员工最常见的内在干扰是恐惧。具体表现为：害怕不被认可、不被接纳、被裁员、被边缘化、失败、冲突、批评与指责等。当员工被恐惧情绪笼罩时，往往会产生自我怀疑，缺乏自信，甚至启动心理防御机制，表现出保守、退缩、回避甚至抗拒的行为。这种状态下，难以实现良好的绩效表现。

恐惧的背后往往隐藏着未被满足的需求。根据马斯洛需求理论，每一种恐惧都对应着个体深层次的渴望与需求。

当员工担心被裁员时，其背后反映的是对安全与生理的基本需求。失去工作意味着收入中断，在当前经济形势下，再就业难度加大，生存面临威胁，从而引发强烈的不安全感。这对应马斯洛需求理论中的生理与安全。

当员工害怕被排斥或边缘化时，其背后是对被接纳、被关爱以及归属感的深切渴望。这对应马斯洛需求理论中的爱与归属。

员工害怕任务完成不佳而受到批评，担心在会议中发言得不到认可，或害怕自己的努力未被看见，这些恐惧背后反映的是对尊重的需求。这对应马斯洛需求理论中的尊重。

员工对接受挑战性任务感到恐惧，或担心项目失败，其背后是对成就感与自我实现的追求。一旦任务未达预期，不仅难以获得成就感，还可能错失晋升与发展的机会。这对应马斯洛需求中的自我实现。

因此，教练式管理者应洞察员工内心的干扰因素，理解其背后深层次的渴望与需求，才能更有效地激发其潜能与动力。

人何时会感到恐惧？唯有在感知到威胁之时。远古时期，人类在森林中遭遇猛兽，会因感受到生命安全受到威胁而产生强烈的恐惧情绪。同理，在职场中，若员工感受到威胁、不被友善对待或缺乏安全感，也会引发恐惧心理。

人的底层情绪是恐惧或热爱。恐惧会催生各种信念与假设，进而触发特定的行为模式。若能通过教练方式识别并释放与恐惧相关的干扰，觉察恐惧本身并不可怕，个体的潜能便得以释放。

因此，教练的核心在于激发潜能、降低干扰，从而实现卓越绩效。具体如何操作，将在后续章节中详细探讨。

2.2 教练式管理的底层信念

人的行为深受底层信念的驱动。秉持"早起的鸟儿有虫吃""天道酬勤"等信念的人，往往勤奋自律、努力不懈；而相信"选择比努力更重要"的人，则更倾向于在行动前深思熟虑、审时度势。由此可见，信念的力量极为强大。

高威提出的"内心博弈"公式（$P = P - I$）同样体现了信念的作用。尽管管理者理解这一公式，也知道应释放员工潜能、降低干扰，但他们是否真正相信员工具备无限潜能呢？

我曾向多位管理者提出这一问题，得到的反馈各不相同。大多数管理者持怀疑态度："真的如此吗？我不太确定。为什么有些员工反复教导仍无法掌握？"也有管理者表示认同："是的，每位下属都拥有无限潜能，就像我们的孩子一样，需要被激发。"甚至还有人直接否定："这怎么可能？有些员工天生笨拙，无论如何激发都无济于事。"

若管理者本身都不相信员工具备可挖掘的潜能，又谈何激发与释放呢？

因此，教练式管理者必须建立起一个核心信念——相信（believe）。

这种"相信"主要体现在以下三个层面。

2.2.1 管理者相信员工（见图2-3）

图2-3 管理者相信员工

首先，管理者要相信员工具备无限潜能，相信他们有能力、有智慧、有解决问题的办法；相信他们具备改变的意愿，渴望不断成长与进步。这是**教练式管理的"道"之所在**。唯有当管理者从内心深处真正建立起这一信念，才能有效掌握并运用教练技术，激发员工的内在动力。

当然，信念的建立是一个渐进的过程。每个人的信念体系中，既有自幼被灌输的观念，也有通过亲身经历总结出的经验与认知。

我最初学习教练技术时，也曾对这一信念持怀疑态度，难以完全理解与接受。随着实践的深入，我多次见证客户带着困惑与无助而来，仿佛被困于死角。然而，在教练对话的推进中，通过积极倾听与有力提问，客户往往会在某个瞬间豁然开朗，找到解决问题的方向与方法。

曾有一位客户来找我做教练，她是一位毕业三四年的职场新人，研究生学历。当时她正面临职业发展上的困惑。初见她时，她神情憔悴、满脸愁容，显得极度疲惫，甚至已连续两周未曾出门。

她所学的专业是化学，但对此毫无兴趣，反而更热衷于艺术设计。然而，出于就业压力，她选择了一份与专业相关的工作，目前在一家规模不大的公司任职，这已是她毕业后的第三份工作。

她的上司为人苛刻，缺乏专业素养与管理能力，常以PUA方式打压她。她性格敏感脆弱，胆小怕事，工作中总是战战兢兢、唯唯诺诺。她形容每天上班如同"上坟"，深感自己的时间被浪费。

她随男友来到一座陌生城市，身边没有朋友，也不热衷社交，内心倍感孤独。我深切感受到她的无助与脆弱。她表达了想换工作的意愿，却又不知从何入手。继续从事本专业工作令她厌倦，而转向艺术领域又担心收入不稳。她陷入迷茫，处于"躺平"状态。

随后，我运用教练技术，向她提出一系列问题："你理想中的生活状态是什么？""你心中有没有一个榜样人物？""如果有一位你信任的导师，他会给你什么建议？"……在一步步的引导中，她突然豁然开朗，说道：**"我不能继续空想下去了，我要行动起来！"** 她开始寻找突破口，状态逐渐回升，脸上也重现笑容。

正是通过一次次教练对话，以及在辅导下属中见证他们的成长与蜕变，我内心深处那颗"相信"的种子，逐渐生根发芽，如今已枝繁叶茂，根深蒂固。

因此，我们应先在心中种下这颗"相信"的种子。随着不断的实践与体验，它将被一次次浇灌与滋养，终将成长为参天大树（见图2-4），深深扎根于我们的内心。

图2-4 种子大树

十年前,我在一家企业工作时,曾遇到一位教练式管理者。当时他交给我一个极具挑战性的任务:**为公司高管授课**。接到任务的第一反应是拒绝。我说:"领导,我不行,我没做过这种事。万一讲砸了怎么办?"当时我内心充满恐惧,担心一旦表现不佳,将影响我的职业发展与个人声誉。

上级主管在了解我的顾虑后,运用教练式管理的方式,与我展开了如下对话。

上级主管:"你主要的担忧是什么?"

我:"我担心如果讲不好,会影响我在高管心中的形象,进而影响我的职业发展和个人声誉。"

上级主管:"如果你讲得很好,会带来什么积极影响?"

我:"我会赢得高管的认可,树立专业形象,对我的职业发展大有裨益。同时,也有助于课程在各事业部的推广,获得高管支持后,落地会更容易。"

上级主管:"你认为要出色完成这次授课,需要具备哪些能力和状态?"

我随即列举了自己认为必备的能力与状态。

上级主管:"那你觉得目前你具备了多少?"

我略作思考,脱口而出:"大概八九分吧。"(这让我意识到,其实我对自己的能力和状态是有信心的,这是一种新的自我觉察。)

上级主管："现在还有什么顾虑吗？"

我："主要是这次面对的是公司高管，我缺乏相关经验，担心他们的要求很高，一旦表现不佳，影响会很大。"

上级主管："为了更好地了解他们的需求，你希望获得哪些支持？"

我："如果能了解项目发起人的具体诉求，以及高管们关注的核心痛点，会对我很有帮助。"

上级主管接着说："好的，我会安排项目发起人的助理与你对接，她掌握你需要的这些信息。"

我："好的。"

上级主管继续问："如果你掌握了这些信息，对完成这次授课的信心有几分？"

我："大概七八分吧，我需要认真准备一下。"

上级主管最后给了我反馈："我相信你能讲好，专业的人做专业的事。我也会在现场支持你，如果有你答不上来的问题，我来帮你兜底。"

在上级的赋能与信任支持下，我放下了内心的恐惧，迎难而上，投入充分准备。最终，这次授课获得了良好反馈，也让我在之后面对高管授课时更加自信从容。

另一个例子来自近期热映的动画电影《哪吒2》。据报道，影片部分动画技术曾交由国外团队制作，但未能达到导演饺子的预期。于是他带领团队自主研发。当团队成员因畏难而想"降低标准"时，他总是鼓励大家："我们一定可以做到。"正是这种信念，激发了团队的潜能，最终攻克难关，实现突破。

2.2.2 管理者相信自己

同理，管理者在信任下属的同时，也应对自己保持信心。教练技术的学习与应用，意味着掌握新方法、做出改变。任何新能力的培养都需要持续的努力与实践，过程中难免犯错、效果未必立竿见影，甚至可能遭遇员工的抵触与抗拒。

因此，管理者应建立对自我的信念：相信自己同样拥有无限潜能，能够掌握并运用教练技术，在实践中不断试错、不断成长。

同时，也要相信员工在教练式管理中出现的错误，往往是成长的契机与创新的起点。管理者应相信自身具备风险预判与控制能力，能在关键环节做好兜底，确保团队最终交付符合甚至超出预期的成果。

2.2.3 让员工相信自己

第三种相信，是帮助员工建立对自身的信任。埃里克森教练中心创始人玛丽莲·阿特金森在其著作《唤醒沉睡的天才》中指出：**作为教练，我们要唤醒自己这个天才，同时也要唤醒下属这个天才。**

因此，管理者除了信任员工与自身之外，还应帮助员工建立起对自我的信心。

许多员工常常陷入自我怀疑。正如我之前的经历，当上级布置一项具有挑战性的任务时，我的第一反应是拒绝，内心充满疑虑："**我不行，我没有经验，我没有能力面对高管。**"

要帮助员工建立自信，管理者应通过教练式管理，减少其因恐惧而产生的内在干扰，激发其内在动力，引导他们自主探索解决方案。当员工自己找到答案时，会逐渐建立起信心："原来我也可以做到！"随后，鼓励员工带着方案付诸实践，管理者在此过程中持续跟进、给予反馈，助力其达成目标。当员工真正完成挑战时，他们会建立起坚定的信念："原来我真的可以做到！"

相信自己不是一句口号，而是在一次次行动中积累成果、赢得小胜利的过程中逐步培养起来的。

正如我的亲身经历，那次我充分准备并成功完成授课，获得良好反馈后，我对自己的能力多了一份信任："**我可以做到！**"这也让我在面对后续挑战时更加自信。

在我担任管理者期间，也常以类似方式激励下属。我会为他们设定具有挑战性的任务，并表达我的信任："你们一定可以做到。"在过程中给予支持与反馈，当他们一次次完成任务时，自信心也随之增强。

大脑在安全时最智慧，在信任时最勇敢。教练式管理，是创造这样的土壤。

——乔纳森·海特《象与骑象人》

2.3 教练式管理的运作原理

许多管理者或许会问：教练技术的理论依据是什么？事实上，教练技术融合了脑科学、心理学、组织行为学、神经语言学、管理学等多个学科。接下来，我们将重点探讨脑科学在教练技术中的应用。每个人都构成一个复杂的系统，而大脑正是这一系统的核心。理解大脑的运作机制，有助于管理者更有效地管理自身与团队。

你是否遇到过这样的情境：当下属出现失误时，你对其进行抱怨与指责，结果引发激烈争执，双方情绪激动，甚至拍桌怒吼？又或者，当你不断强调自己观点正确、指责下属错误时，对方虽然频频点头，口中说着"对，领导您说得对"，但语气中却透着敷衍与不甘？还有时，你因某事对下属大发雷霆，对方却呆立当场、沉默不语，仿佛失去了反应能力。

当下属在面对指责、抱怨或批评时，若感受到威胁与不安全感，往往会出现三种典型反应。这三种反应分别是：对抗（fight）、逃避（flight）和僵住（freeze）。它们是人在感受到威胁时的本能反应，通常被称为"打、逃、僵"。

这些反应与人类大脑的运作机制密切相关。大脑由三层结构组成，层层包裹，各司其职。了解这三层大脑的特性及其协作方式，有助于我们更好地理解人的行为模式。

这三层结构分别是：本能脑（爬虫脑）、情绪脑（哺乳动物脑）和理性脑（视觉脑）。（见图2-5）

图2-5 三脑原理

2.3.1 本能脑

本能脑，又称爬虫脑，位于大脑最深层，已有约1亿年的进化历史，是最原始的大脑结构。无论是人类还是其他动物，都具备这一脑区。

本能脑主要负责维持基本生存功能。当个体感受到威胁或恐惧时，本能脑会迅速激活，触发对抗、逃避或僵住等本能反应。设想一下：远古时期，人类在森林中寻找食物，突然遭遇猛兽，这时的本能反应无非是迅速逃跑、奋力反击，或因恐惧而僵在原地。

类似的情形在现代生活中也屡见不鲜。比如，当你正在过马路，一辆车突然疾驰而来，你的第一反应可能是迅速躲避、呆立不动，或因惊慌而不知所措。

在家庭教育中，这类反应也时常发生。当父母在辅导作业时情绪失控、大声斥责，孩子往往会表现出"打、逃、僵"三种反应：要么顶嘴反抗，要么沉默不语，要么哭泣逃避。

夫妻争执时也常见类似情形：有的伴侣激烈争吵，有的选择摔门离去，还有的则"关闭"听觉，对一切充耳不闻。

这些反应在工作与生活中比比皆是，皆是本能脑被激活后的自然表现。早在恐龙时代，本能脑就已发展成熟，其核心功能是保护个体免受伤害。

本能脑的特点是**常年无休**，始终处于"巡逻"状态。一旦探测到威胁信号，便会立刻做出反应。

只有在感到安全的前提下，本能脑才会允许个体进行改变。因此，若想激发下属的思考与主动性，管理者必须营造安全、包容的氛围。当下属感受到被接纳、被鼓励、被认可、被关注时，安全感便油然而生。

2.3.2　情绪脑

第二层是情绪脑，属于大脑的边缘系统，主要负责情绪处理、记忆存储与生存反应。情绪脑已有约5000万年的进化历史，如同手套般包裹在本能脑之外。

所有哺乳动物都具备情绪脑，因此它们也拥有情绪体验，如爱、愤怒、悲伤与喜悦。尽管它们无法用语言交流，但能通过表情与行为传达情绪。

我家养了两只猫，一只七岁，另一只刚满一岁。每当我抚摸它们时，它们会发出满足的呼噜声，闭上眼睛，流露出享受的神情。通过这些行为，我能清晰感受到它们的愉悦情绪。

有时小猫调皮捣蛋，故意挑衅大猫，大猫便会发出"呲呲"声，瞪眼龇牙，表达愤怒。小猫见状便知趣地离开，因为它能读懂大猫的情绪信号。

情绪脑具有以下几个显著特征。深入理解这些特征，将有助于管理者更有效地辅导下属。

1.情绪是有记忆的

在管理过程中，你是否遇到过这样的情况：某件你认为稀松平常的事，或一句无心之言,却引发下属的强烈反应?这往往是因为触发了其过往的情绪记忆。例如,类似的话语曾引发其与父母或他人的冲突,或曾因被误解而情绪激烈。当下属再次感受到被误解时,情绪便可能瞬间爆发,这种现象被称为"**杏仁核劫持**"。

这与情绪脑的结构密切相关。情绪脑主要包括海马体和杏仁核等关键区域。海马体负责记忆客观**事实**,而杏仁核则储存**情绪**体验。正如丹尼尔·戈尔曼在《情商》中所指出的:"海马体记录的是事实本身,而杏仁核保留的是情绪的味道。"例如,海马体帮助你认出一个人的面孔,而杏仁核则提醒你对他是否怀有情感偏好。

当杏仁核识别到与过往相似的情绪"味道"时,便可能触发强烈反应。反之,如果这种"味道"曾带来愉悦体验,也会唤起美好的记忆。

例如,某首歌曾在你恋爱时频繁播放,日后再次听到,便可能唤起那段甜蜜的情感记忆。

理解这一点后,管理者在辅导下属或与伴侣沟通时,应带着好奇心深入了解对方的情绪背景,探究其反应背后的原因。这样可以避免触碰"情绪雷区",增进彼此理解。

2.情绪脑也具有确保人身安全的功能

情绪脑与本能脑在功能上有相似之处,均能在紧急情况下迅速反应,保障个体的人身安全。

当外界接收到模糊或潜在威胁的信号时,部分信息会传递至大脑皮层进行分析评估,以做出理性判断;另一部分与情绪相关的信号则直接传送至杏仁核,激活情绪脑。还有少量原始信号会通过"**捷径**"迅速抵达杏仁核,在大脑皮层尚未反应之前,便已触发情绪反应。

在与下属沟通时,若对方感受到威胁或不安全,例如被指责、批评或误解,其情绪脑便会被激活,产生恐惧、焦虑、愤怒等负面情绪。此时,情绪脑与本能脑协同作用,促使身体进入"打、逃、僵"的应激状态。

情绪脑与本能脑在进化过程中长期共存,彼此协作密切。一旦两者被激活,个体将启动强烈的防御机制,优先保障生存与安全,从而抑制了创造力与想象力的发挥。

这正是我们常说的:"一旦被情绪脑掌控,智商仿佛瞬间归零。"

3.情绪脑倾向于维持现状,抗拒改变

你是否有过这样的经历:制定了早起跑步计划,设好闹钟,但当闹钟响起时,你却选择关掉它,继续蒙头大睡?

又或者,你试图改掉睡前刷短视频的习惯,但一躺下就不由自主地拿起手机。尽管内心有个声音在提醒:**"别刷了,你不是说要改变吗?"** 但手却仿佛不受控制,继续滑动屏幕直到深夜。

这正是情绪脑在抗拒改变。它只关注当下,追求即时的满足。为何如此?我们可以从以下几个角度来理解。

1)从进化角度来看

情绪脑形成于人类早期,其核心功能是帮助个体应对生存威胁。例如,恐惧促使我们迅速逃离危险,愉悦则引导我们接近有益资源。

这种"固定"的反应模式在进化中被验证为有效,因此情绪脑更倾向于依赖既有路径,而非冒险尝试新方式。

2)从能量消耗角度来看

大脑是人体能耗最高的器官之一,约占全身能量消耗的20%。为节省能量,情绪脑倾向于使用已有的神经通路,而非开辟新路径。

改变意味着额外的能量投入,而大脑天生"懒惰",尤其面对不确定性时,情绪脑更可能选择维持现状,以减少能量消耗。

3)从安全感与熟悉感角度来看

情绪脑对熟悉的事物有天然偏好,因为熟悉意味着可预测与安全。即便某些习惯或行为模式并不健康,情绪脑仍可能固守它们,因为它们带来了心理上的稳定感。

而新变化常伴随未知与风险,容易触发情绪脑的防御机制,如焦虑、抗拒等情绪反应。

理解情绪脑的这些特性,有助于管理者认识到推动下属改变的困难所在。同样地,管理者自身在改变过程中也会面临类似的挑战。

在《象与骑象人》一书中，作者将情绪脑比喻为一头大象。要想推动下属改变，就必须借助理性脑（骑象人）的力量，引导大象克服惯性、迈向新方向。

2.3.3 理性脑

理性脑，即前额叶皮层，占据整个脑容量的约三分之二，分为左右两个半球。它的出现不过三百万年，却掌控着大脑绝大部分的智力活动，拥有约16万亿个神经元。理性脑主要负责分析、计划、决策和自我控制等高级认知功能，是**人类所独有的脑区**。

理性脑擅长制定长远规划与目标，能够在复杂情境中进行战略性思考与决策，而非仅仅依赖短期的情绪驱动。

理性脑也被称为"**视觉脑**"，其显著优势在于视觉化规划能力。它具备强大的想象力与创造力，能够构建前所未有的图景，例如描绘愿景、设计产品、构想未来场景等。

史蒂芬·柯维（Stephen R.Covey）在《高效能人士的七个习惯》中提出的"两次创造"理念。书中指出："**任何事情都是先在头脑中创造，然后才在现实中创造**。"

例如，建造一座房屋，首先要在头脑中构思或通过图纸进行设计（第一次创造），然后再根据设计方案实际施工（第二次创造）。柯维强调，高效能人士总是先在头脑中明确目标与愿景，再通过行动将其变为现实。

许多产品经理在产品设计过程中也遵循"两次创造"的原则。他们先在头脑中构想产品的形态与功能，再通过技术手段将其具象化、实体化。

在辅导下属时，管理者应充分调动其视觉脑的功能。当下属陷入困惑或瓶颈时，可引导其想象目标达成后的画面：他们将会看到什么、感受到什么、听到什么。通过这种方式，将理想状态植入其潜意识，激发其在现实中实现愿景的动力。

理性脑的另一项重要功能是"心理预演"。音乐家、运动员等常在上场前，在头脑中进行模拟演练。这种预演有助于建立神经通路，使他们在实际表现中更加从容自信。

我在讲课或演讲前，常运用心理预演技巧。我会在脑海中反复模拟授课场景，仿佛自己已站在讲台上，设想语言表达、故事讲述以及学员的反应。同时，我也会抽离出来，观察自己在画面中的神情、动作与互动方式，结合观察结果不断调整，力求达到最佳状态。

通过反复的心理预演与排练，我在实际授课时更加自信与从容，仿佛一切早已真实发生，驾轻就熟。

理性脑的有效运作依赖于放松的心理状态。过大的压力会抑制其功能。因此，在辅导下属时，管理者应营造轻松、愉悦的氛围，以激发理性脑的最佳表现。

尽管理性脑功能强大，但它仍需与情绪脑和本能脑协同工作，三者本就是一个有机整体。

理解三脑原理后，管理者在辅导下属时，应努力促进三脑的协同运作。正如《象与骑象人》中所言：想让改变发生，骑象人要制定目标，规划愿景，同时也要激发大象积极正向的情绪，提供情绪价值，让大象感受到安全，三脑协同，才能更好地发挥大脑的作用。

2.3.4　如何在教练式管理中运用三脑原理

在沟通开始前，管理者应主动营造轻松、安全的氛围，使下属感到放松与安心。只有在安全的环境中，下属才更愿意敞开心扉，进行真诚交流。

此外，在沟通过程中，管理者应密切关注员工的情绪波动。一旦发现对方出现紧张、焦虑、不安或烦躁等情绪，应及时调整沟通策略。《关键对话》一书中反复强调营造安全氛围的重要性。一旦下属感受到不安全，其情绪脑和本能脑将被激活，沟通将难以朝着预期方向进行。

同时，管理者还应激发下属的理性脑，即视觉脑，引导其构想成功的画面。例如："如果项目顺利完成，你在部门会议上汇报时会看到什么场景？你会分享哪些内容？听到怎样的反馈？感受到什么情绪？"

再比如："如果项目成功，你们团队一起领奖，你站在台上会有怎样的感受？你会看到什么画面？听到什么声音？内心又会涌现出怎样的情绪？"

这些提问与引导，正是在激活员工的视觉脑，帮助其在头脑中构建成功的图景。

在探索解决方案时，也可借助视觉化工具，如平衡轮、图像卡片等，帮助下属更直观地思考问题，激发创造力。

在激励下属时，还可引导其寻找个人化的隐喻画面。例如："设想你已经成为了理想中的自己，这个画面会是什么？"我曾用一朵盛开的橙色玫瑰作为隐喻，象征绽放、活力与能量。

在团队共创愿景与使命时，可引导成员运用彩笔描绘未来3至5年的蓝图：团队将呈现怎样的面貌？有哪些成员参与？他们正在做什么？你能看到什么？感受到什么？听到什么？这些活动旨在充分调动视觉脑的潜能。

以上便是三脑原理在教练式管理中的具体应用。更多实践案例与操作示范，将在后续章节中详细展开。

觉察时刻

1.请思考："你是否相信下属拥有无限潜能？"你的答案是什么？为什么？

2.请想一位你熟悉的下属，他目前面临的主要干扰有哪些？请尝试列举，并分享你的观察与发现。

3.你是否曾无意中激活下属的本能脑或情绪脑？当时发生了什么？你和下属分别作何反应？如今回顾，你有哪些新的领悟？

CHAPTER 3

第三章

教练式管理
3个元技能

教练式管理是一种深层次的赋能对话，要求管理者不仅具备丰富的管理经验和人生阅历，还需掌握高超的沟通技巧。在这一过程中，积极聆听、有力发问和有效反馈构成了教练式管理的3个元技能。

本章将围绕这3个元技能逐一展开介绍。（见图3-1）

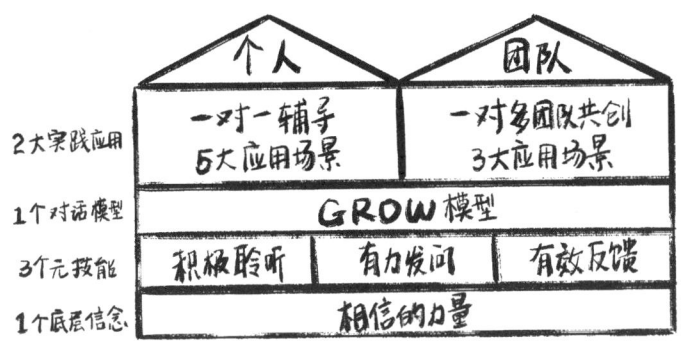

图3-1　3个元技能

真正的倾听，不是用耳朵，而是用心。

——马歇尔·戈德史密斯（Marshall Goldsmith），全球领导力教练，《习惯力》作者

3.1
积极聆听——注入动力的燃料

3.1.1　积极聆听的重要性

在教练式管理的语境下，积极聆听不仅是倾听的艺术，更是沟通的灵魂。如果将提问比作驱动辅导进程的引擎，那么积极聆听便是为其注入动力

的燃料。唯有通过深度聆听下属的心声，管理者才能穿透表层信息，提出有力的问题，准确把握下属的真实诉求。

例如：

下属："最近工作压力太大，感觉做的事情没有意义和价值。"

低效回应："大家都这样，熬过去就好了。"（终结对话）

积极聆听："具体哪些工作让你感到没有价值？"（引发反思）

聆听不仅是信息的接收，更是建立信任的桥梁。缺乏深度聆听的对话如同无根之木，难以激发下属的潜能。

3.1.2 聆听的六大障碍

中层管理者常陷入如表3-1所示的聆听陷阱，导致沟通浮于表面。

表 3-1 中层管理者常见聆听陷阱

障碍	典型表现
经验主义	"我比你懂"式打断
预设假设	认定"下属没尽力/不专业"
偏见滤镜	因过往不良印象否定整个人
缺乏耐心	边处理事务边敷衍回应
控制欲过强	单方面下达指令，忽视下属意见
自我证明	急于展示权威，压制下属观点

案例反思：某管理者在参加我组织的"教练式管理"培训课程后，调整了聆听习惯——从"边敲键盘边点头"转变为"停下手头工作，邀请下属坐下详谈"。这一转变不仅提升了信息获取的质量，也使团队氛围从"汇报式"转向"共创式"。

如何突破这些障碍，实现积极聆听？本书将重点介绍聆听的三个层次。

3.1.3 聆听的三个层次：从本能到共情（见图3-2）

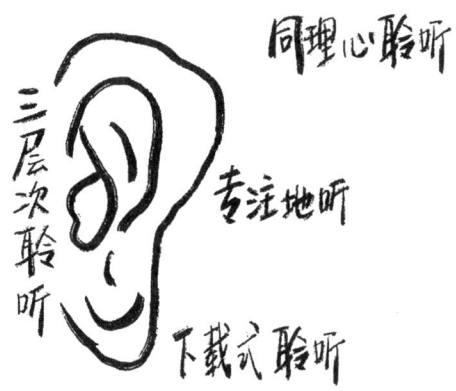

图3-2　聆听的三个层次

第一层：下载式聆听——以自我为中心的回应

为何称之为"下载式"？当管理者听到下属讲话时，会本能地将其与自身经验关联，从而做出回应，反映出的是自己的观点与看法。

下载式聆听是一种浅层次的倾听方式，以回应为目的，属于本能反应。在这一过程中，管理者并未将注意力真正放在下属身上，而是以自我为中心。他们并未将下属的话语听进心里，不关注下属的内容、感受与需求，更在意的是自身的想法。

典型对话：

下属："我想辞职，工作太卷了。"

上级："哪里不卷？适应就好了。"

下属："我觉得这样不公平！"

上级："这个世界哪有绝对的公平？"

下属："领导，我这周家里有事，想请几天假。"

上级："谁家里没点事？都请假工作还怎么开展？"

下属："最近总是没精神，睡眠不好，半夜醒来就睡不着。"

上级："建议你多运动，累了自然就能睡着。"

试想，如果你是这位下属，听到上级如此回应，会有怎样的感受？是否还愿意敞开心扉与这样的管理者深入沟通？在下载式聆听中，管理者未能站在下属的角度倾听，而是反映出自身的想法与判断，通常以建议、评判、说教、否定或质疑等方式回应。

尽管这种聆听方式在现实中较为常见，但在教练式管理中却显得力不从心。

第二层：专注地听——全情投入地对话

这是教练式管理的基本要求。专注地听的管理者会放下手头事务，全神贯注地倾听下属，抑制给建议的冲动，摒弃主观评判，以好奇与开放的心态，真正关注下属所面临的困难与所经历的事情。

仍以之前的例子说明，专注地听的上级会这样回应：

下属："最近工作任务繁重，压力很大，感觉缺乏价值感。"

上级：**（停下手中工作，专注地看着对方）**"发生了什么事？"

下属："事情又多又杂，很多是重复性的工作，感觉自己的能力没有提升。"

上级：**（身体前倾，目光关切）**"具体哪些事情让你有这种感觉？"

下属："比如文档汇总整理，都是复制粘贴的内容；还有预订会议室，这些本该是实习生做的……"

上级："那你希望从事哪些工作呢？"**（探寻下属兴趣点）**

如果你是这位下属，听到上级如此回应，你有何感受？是否更愿意敞开心扉与其沟通？专注地听的管理者会全然关注下属，与其保持目光接触，积极运用肢体语言（如点头、身体前倾），记录关键信息，并与下属进行澄清与确认。

最后需强调，有时管理者看似在倾听，也运用了积极的肢体语言（如点头、微笑），但若未在语言上做出回应与澄清，实则并未真正聆听。

记得有一次下班回家，我正忙着通过微信处理工作事务，儿子走过来向我讲述一件事。我一边点头，一边随口应道："嗯嗯，你说，我在听。"儿子突然提高音量对我说："妈妈，你重复一遍我刚才讲的话。"

我连忙停下手中的工作，略带歉意地对他说："妈妈刚才在处理事情，你再说一遍，好吗？"

儿子气呼呼地说："我就知道你没有在听。"

因此，对方能够感受到我们是否真正在倾听。

再举一个工作中专注地听的实例。

工区，市场部活动策划主管李峰正在电脑前处理工作，下属晓敏，一位活动策划专员，走过来向他寻求帮助。

下属：峰哥，我在工作上遇到了一些问题，想和你聊聊。

上级：好的，晓敏，怎么了？**（李峰停下手中的工作，转过身来，示意晓敏坐在旁边的椅子上，面对面交流）**

下属：是这样的，我们和运营团队合作的新用户拉新活动，他们的需求一直在变。我们的设计稿已经完成了，马上就要制作物料，宣传也要启动了，但他们还在修改需求。我快受不了了，问他们今天能不能定下来，他们的对接人还是支支吾吾地说，如果领导要改，那还得改。我真的快崩溃了……

上级：嗯，是什么原因导致需求一直在变呢？**（进一步了解情况）**

下属：他们领导刚来不久，想法特别多，一有灵感就要调整，完全不考虑合作方的感受……

上级：听起来主要是对方领导的想法多变，是这样的吗？**（澄清确认）**

下属：是的。

上级：之前的需求沟通会他参加了吗？**（了解情况）**

下属：参加了呀！现场沟通得很充分，很多东西都是现场讨论后定下来的，但回去之后又变了。关键是时间有点紧张了……

上级：你认为接下来做些什么能尽快往前推动呢？**（询问想法）**

下属：我多次和运营团队的对接人沟通，发现他也很怕他们的领导。毕竟他跟现在的领导不是很熟悉，之前催过几次，被领导批评了一顿，现在不敢去找老板了。所以我想，峰哥你能不能和他们领导沟通一下？

上级：了解了，我会安排时间和他们领导沟通，并及时向你反馈结果。**（认真倾听，不时点头）**

下属：谢谢峰哥，你出马，相信就能搞定。

上级：（拍拍晓敏的肩膀）你也辛苦了，都是为了把事情做好嘛！**（表示理解）**

专注地听的核心要领——做到"一转"和"三不"

"一转":指的是管理者的注意力从关注自己转向关注下属。

看似简单的"一转",背后体现的是管理者心智的提升。从自我为中心转向关注他人,发自内心地尊重和关心下属,带着好奇和开放的心态,去了解和理解下属,愿意与下属建立深层次的连接。

"三不"指的是"不打断""不评判""不臆断"。

①不打断:管理者应对下属保持耐心,以开放的心态倾听,让对方把话说完后再提问或表达自己的观点,避免经验主义和先入为主。

②不评判:管理者应放下自己的价值判断,给予下属尊重。做到这一点尤其困难,因为我们习惯于评判他人。下属表达观点时,管理者可能会认为下属幼稚、欠思考;下属请假次数稍多,管理者可能会认为下属事情多、不重视工作;下属犯错时,管理者可能会认为下属无能、无可救药。

评判具有很强的主观色彩,通常基于个人的价值体系,有时甚至带有人身攻击的意味,对人的伤害很大。

③不臆断:管理者应觉察自己是否存在猜测、偏见和假设,更多地关注事实。在缺乏足够证据或未充分了解情况的背景下,避免过于主观地对事情下结论或判断。

臆断的情况在工作中比比皆是。

例如,看到下属迟到,管理者可能会臆断下属不积极、不尊重他人;开会时下属不发言、表情游离,管理者可能会臆断下属对会议不感兴趣、对自己有意见;看到下属与自己不喜欢的管理者愉快交谈,管理者可能会臆断他们在议论自己。

而事实可能是下属出门很早,但遇到车祸而迟到;开会前下属接到家人电话,得知母亲住院而心神不宁;下属与另一位管理者只是在聊昨晚的球赛,非常开心。我们很容易对他人的言行产生臆断。作为管理者,应建立觉察,先了解情况,再作判断。

小贴士:

即使在专注地听时,也可能会走神。此时,管理者需要提升觉察力,一旦发现走神，立即将注意力拉回到下属和当前的对话中。

一旦觉察到自己又想打断、给建议或产生评判时，应及时关闭"内置的收音机"，久而久之，就能做到长时间专注地倾听。

当管理者开始有意识地觉察，就开启了心智成长之路。

第三层：同理心聆听——打开下属心扉的金钥匙

同理心聆听是以理解和接纳为目的的聆听。管理者将注意力放在对方身上，从关注谈话内容转向关注下属整个人，通过观察其肢体语言、语音语调，觉察其**情绪变化**、**能量状态**，捕捉下属反复提到的**关键词**，倾听其**价值观**，洞察下属的**真实需求和意图**，听出下属的"话外之音"。

仍以之前的对话为例。

下属：我最近工作太多，压力很大，忙了半天却感觉没有价值。

教练式管理者关注下属的情绪状态，发现下属在说这些话时神情沮丧、无力。

上级：我听到你这样说时感到很**无力**，到底发生了什么？（**观察情绪**）

下属：很多事情都是重复性的，能力上没有成长，也不知道自己做的事儿有什么价值。（神情沮丧）

上级：你很看重**成长**和工作的**意义**。（**确认价值观和真实意图**）

下属：是的。

上级观察到，刚才下属一直低着头说话，当他说出这句话时，下属抬起头，与他对视。

上级：你希望做些什么样的事情呢？（**了解下属的兴趣点**）

上级了解到这些并非下属想做的，他很好奇下属真正想做的是什么，哪些事情能发挥下属的优势，符合他的兴趣。只有了解这些，才能结合下属的优势、兴趣及岗位要求进行调整。同时，他通过正向提问，将下属的注意力从不想要转向想要，从而提升下属的能量。

下属：我喜欢有**创意**的工作，比如文案策划，能激发我的灵感；我也喜欢与人打交道的工作。

当下属表达擅长和想做的事情时，管理者观察到下属音量提高，脸上露出笑容，注意到下属的能量有所提升。

上级：后续我会考虑如何调整。**（给出承诺）**

下属：谢谢领导！（开心地笑了）

这就是同理心聆听，在简短的对话中，管理者关注下属的情绪，能量变化，价值观以及真实需求和意图。

对于企业管理者而言，做到同理心聆听非常困难。大部分管理者以目标和任务为导向，逻辑思维能力强，关注结果，他们很少关注自己的情绪，更不用说觉察下属的情绪了。

最初我学习教练技术时，老师反复强调：**教练是客户的一面镜子，我们需要不断擦亮自己这面镜子，才能更好地映照对方**。作为管理者，要做到同理心聆听，首先要觉察自己的情绪，明确自己的价值观、信念、意图和需求，否则教练式管理难以深入开展。

3.1.4 行动工具箱：从知道到做到

第一，觉察情绪

《高绩效教练》一书中提到："教练是情商的练习场。"作为管理者，要不断提升情商，包括情绪觉察、情绪调节和回应能力，才能真正成为教练式管理者。

《非暴力沟通》中心理学家罗洛·梅曾说："**成熟的人十分敏锐，就像听交响乐的不同乐章，不论是热情奔放，还是柔和舒缓，她都能体察到细微的起伏。**"

情商高的人能通过观察他人的细微表情感知其内心的心理活动和情绪波动。如同聆听交响乐的乐章，能察觉其中的起伏变化，仿佛对人体进行一次扫描，从模糊到清晰。

当我们能觉察自己的情绪变化时，才能敏锐捕捉下属的细微情绪。如前文所述的三脑原理，当发现下属出现紧张、焦虑或担忧时，应及时调整沟通方式，营造安全、放松的氛围。

虽然我们难以完全感知情绪，但情绪变化随时可能发生，一天中甚至会出现几十种情绪。例如，出门时心情平静，遇到堵车会感到烦躁；到办公室后接到紧急任务电话,会产生紧张、焦虑;处理完毕后会感到放松、愉快;下午开会讨论热烈时会感到兴奋;会后给下属反馈时可能会感到生气或恼怒。

一天之中情绪多变,如同天上的云朵,飘来又飘去。

那么,我们如何觉察情绪呢?

1)拓展情绪词汇,对情绪进行分类和命名

情绪通常可分为两大类:正向情绪与负向情绪

正向情绪包括但不限于:开心、兴奋、喜悦、惊喜、平和、感激、感动、幸福、满足、欣慰、喜出望外、平静、放松、踏实、安全、温暖、无忧无虑等。

负向情绪则包括:挫败、害怕、担忧、不安、焦虑、沮丧、忐忑、忧伤、灰心、失望、愤怒、悲伤、孤独、迷茫、紧张、无奈、气馁、绝望、厌烦、伤感、内疚、怀疑、愧疚、嫉妒、遗憾等。

在日常生活中,我们可以尝试用不同的词语表达自己的情绪。

例如,"你这样说让我感到难过"或"这件事让我感到很挫败"。

2)撰写情绪觉察日记

建议每天记录自身的情绪变化,尤其是情绪波动较大的时刻。推荐采用萨提亚冰山模型(见图3-3)撰写觉察日记。我已持续练习八年,从最初的"无知无觉"到"后知后觉",如今已能做到"当知当觉"。这种练习被称为"走冰山"。

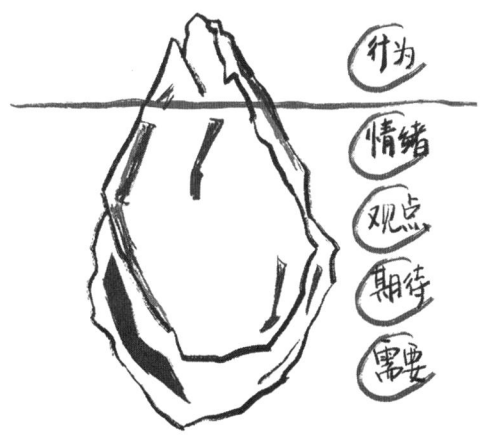

图3-3 萨提亚冰山模型

行为：对方有哪些具体的言行表现？

观点：我当时的想法或假设是什么？

情绪：当时我感受到的情绪是什么？

期待：我对自己、他人，以及他人对我的期待分别是什么？

需要：我真正渴望或看重的是什么？

例如：有一次我在给下属反馈时，对方不认同我的意见，我们发生争执，最终不欢而散。当晚我便写下了一篇觉察日记。

行为：对方与我发生争执，并拒绝接受我的反馈。

观点：我认为他思想闭塞，不愿接受建设性反馈，难以成长。

情绪：我感到愤怒、沮丧与失望。

期待：我期待他能接受反馈，而他则期待我能理解他的立场。

需要：我渴望获得尊重、认可与开放的态度。

通过持续的"走冰山"练习，不仅能增强我们对情绪的觉察力，还能深入理解内在的真实需求。

3）进行正念练习

正念是一种行之有效的觉察训练方法。我已持续练习近十年，在身体感知、情绪识别与思维觉察等方面均有显著提升。

可借助专业冥想应用（如NOW冥想、每日冥想）进行练习，或在喜马拉雅、得到等平台选购相关课程。

对于偏好传统文化的人士，也可通过站桩、打坐等静功，或八段锦等动功进行正念训练，专注于腹式呼吸与身体感受。

在呼吸练习方面，推荐"腹式呼吸、短吸长呼"法。该方法能有效激活副交感神经系统，帮助放松身心、缓解焦虑，从而提升对自身与他人情绪的感知力。更多练习方法可在视频号搜索"腹式呼吸法""平衡呼吸法"等关键词获取。

第二，感知能量

教练式管理的核心在于激发下属潜能，因此管理者在辅导过程中应时刻关注下属的能量状态。为此，建议引入霍金斯意识能量层级，作为感知能量变化的有效工具。

霍金斯意识能量层级（Hawkins Scale of Consciousness）是由美国心理学家兼医学博士大卫·R·霍金斯（David R. Hawkins）在其著作《意念力》中提出的理论模型。该模型通过量化人类意识的不同层次，将情感与精神状态对应到具体的能量水平，旨在揭示人类行为、思想与情绪背后的内在驱动力（见图3-4）。

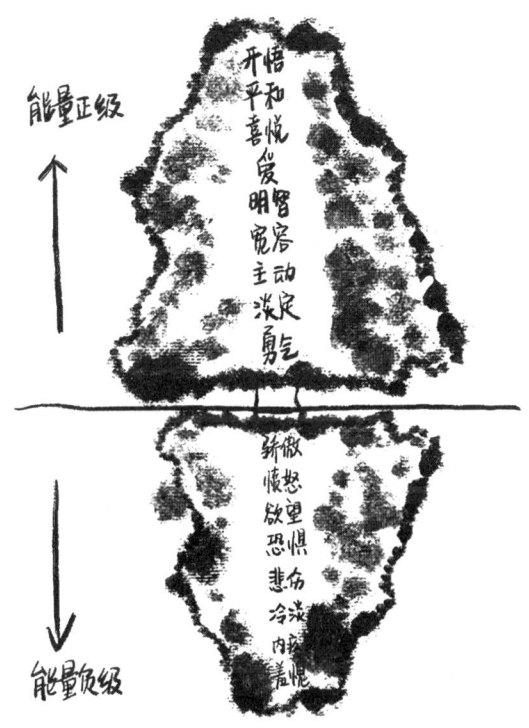

图3-4　霍金斯意识能量层级

霍金斯将意识划分为17个等级，每一等级对应不同的能量值。通过识别下属的情绪状态，管理者可以直观地判断其能量水平的变化。

该模型以200分为界，分为正向与负向两个区域。200分以上代表正向情绪，如明智、勇气、爱与喜悦；200分以下则为负向情绪，如愤怒、恐惧、悲伤与内疚。因此，观察下属的情绪表现，有助于判断其当前的能量状态。

在对话过程中，下属出现情绪波动属正常现象，难以始终保持高昂状态，可能会经历低落、沮丧、恐惧甚至愤怒等情绪。无论过程如何，衡量教练式管理成效的关键在于：**谈话结束时，下属是否以更高的能量状态离开**。

第三，洞察需求

管理者应深入洞察下属的真实需求（见图3-5），倾听其"话外之音"，准确把握其内在诉求。有时下属会明确表达需求与意图，有时则隐晦不明，甚至他们自身也未必清楚真正的渴望。

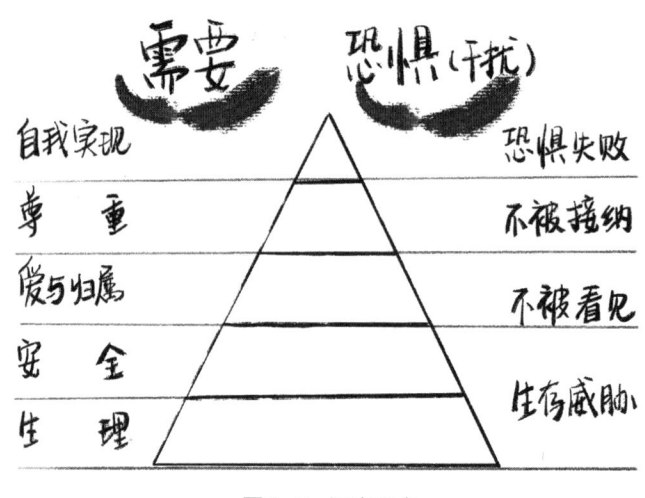

图3-5 洞察需求

所谓"需要"，是指下属内心深处的真实诉求与渴望。

根据马斯洛需求层次理论，人的需要可分为五大类：生理需求、安全需求、爱与归属需求、尊重需求以及自我实现需求。

例如，某位下属可能会说："领导，我已经尽力了，但跨部门的小李实在不太配合。"

在这句话背后，下属真正想表达的需求是什么？

其核心需求是获得理解——他希望上级明白，问题并非出在他本人，而是源于跨部门同事的不配合。

又如，当下属表示："这项任务对我来说挑战很大，我感到压力非常大。"

此时，下属真正需要的是安全感、支持与理解。他担心无法胜任，面临风险，因此渴望获得领导的支持与理解。

接下来，我们通过一个实际工作中的案例，进一步深化对同理心聆听的理解。

小月入职半年，主动请缨担任部门团建活动的项目负责人（PM），该活动共有30余人参与。她希望通过此次机会锻炼组织能力，并增进与同事之间的了解。然而，在实际推进过程中，她遇到了一些困难，于是向上级Tracy寻求帮助。

小月："Tracy，我真的做不下去了……"（**泣不成声**）

Tracy：（递了几张纸巾，原本坐在小月对面，赶紧挪到她旁边坐下，拍拍她的肩膀）小月，发生什么事情了？（**安抚情绪**）

小月：（擦擦眼泪）"会上大家沟通得挺好，可一到具体安排时，都说最近太忙，没时间，让我找别人。很多事情根本推进不下去……"（**能量较低**）

Tracy：没事。（继续拍拍小月的肩膀）"你觉得大家不够配合，感到很受挫，对吗？"（**观察情绪，并确认情绪**）

小月："是啊，每次一分配任务，大家都推来推去。"

Tracy："你是希望大家能**言行一致，积极配合**你的工作，对吗？"（**洞察需求**）

小月：是的。

Tracy："我知道这对你来说不容易。作为新人，你和很多同事还不太熟，推动起来确实有难度。"（**同理下属**）

小月：（默默地听着，情绪有些缓和）

Tracy："我记得你是主动申请做PM的，想借此机会锻炼自己，更好地融入团队。"（**帮下属回归初心，看到意义和价值**）

小月："是啊，我本来是想锻炼一下，提升组织能力，也为团队出点力，同时多认识些同事。没想到这么难……"（**能量又变低了**）

Tracy："确实，这次团建是部门层面的事，不属于任何人的本职工作。一旦与本职工作冲突，大家自然会优先处理自己的工作。而且最近各团队项目都很紧张，大家的压力也确实不小。"（**帮助下属换位思考，理解他人**）

小月："我能理解大家，可谁又能理解我呢？我手上也有好几个项目在推进，为了团建，我已经连续十几天加班到十点以后，周末还来公司处理事情。"（**能量依然较低**）

Tracy："嗯，我看到了，你这段时间来得早走得晚，的确很辛苦。你希

望获得大家的**理解和支持**是吧？"（**看见下属的努力；洞察需求**）

小月：（点头）

Tracy："我可以做些什么来支持你？"（**主动提供支持**）

小月："没事的，Tracy，我只是想找你倾诉一下，现在感觉好多了。我已经把大家分成几个功能团队（FT），每个团队指定一位组长，我直接对接组长就可以了。"

Tracy："这是个很好的思路。你可以设立宣传组、物料组、行程组等，充分调动大家的积极性，让更多人参与进来支持你。"（**认可鼓励下属的想法**）

小月："是的。"（**脸上露出了笑容，能量提升**）

Tracy："相信你自己，办法总比困难多。如果以后再遇到什么问题，随时来找我。"（**再次拍拍小月肩膀，鼓励下属**）

小月："好的，谢谢你，Tracy！"

觉察时刻

1. 在日常沟通中（包括工作与生活），请反思：你通常处于哪个聆听层次？哪些障碍最常影响你的聆听效果？

2. 回顾最近一次由下属主动发起的谈话，你当时处于哪个聆听层次？

3. 你是否曾经历过被"同理心聆听"的时刻？对方是如何做到的？你的感受如何？

4. 在聆听技巧方面，你希望自己进一步提升哪些能力？

练习

1. 撰写情绪觉察日记：选取近期一次情绪波动较大的经历，运用萨提亚冰山模型进行"走冰山"练习。

2.刻意练习：围绕你希望提升的聆听技巧，主动进行有针对性的练习。练习对象可以是下属、同事、上级，也可以是家人。谈话结束后，主动询问对方的感受，获取反馈。

最好的导师不是告知答案，而是对他进行提问。

——史蒂夫·乔布斯

3.2
有力发问——点燃思维的引擎

教练式管理的核心在于通过对话激发潜能，而有力的提问正是驱动这一过程的引擎。它不以直接提供答案为目的，而是通过提问引导下属展开内在思考，提升专注力，激发深度探索，建立新的觉察，并促使其积极行动。

一个高质量的问题，往往比直接给出答案更具价值。有时，问题本身就是通往答案的钥匙。

3.2.1　有力问题的价值

您是否曾被某个问题直击心灵，瞬间豁然开朗？这种"醍醐灌顶"的感受，正是有力提问的独特魅力。也曾有过这样的体验。

2015年，我初次接触教练技术时，阅读了玛丽莲·阿特金森所著的《唤醒沉睡的天才》。该书开篇是古典老师撰写的推荐序。其中，玛丽莲向古典提出的三个问题，如同一束光照进我的内心，引发了我对自我价值与人生使命的深刻反思：

如果五年后，你的家人、朋友会因为你而改变，那么是因为你做了什么呢？

如果十年后，你所住的城市会因为你逐渐发生改变，那是因为你做了些什么？

如果很多年后，这个世界会因为你而改变，有什么可能？

这些问题极具穿透力，是典型的高质量问题。

以下是一个被誉为"价值两万元"的经典提问案例。

在一次教练课程中，导师提到"有一个问题价值两万元"，她神情神秘，顿时激发了在场学员的强烈好奇：**究竟是怎样的问题，竟有如此高的价值？**

她解释道，许多前来接受教练辅导的客户，往往对现状感到不满，比如在亲密关系中受挫、对当前工作缺乏热情，或在职业发展上陷入迷茫。这些客户常常向她倾诉内心的困扰与不满。在耐心倾听完客户的倾诉后，她会用温柔而坚定的语气，缓缓提出那个"价值两万元"的问题：**"如果这些都不是你真正想要的，那么你真正想要的是什么？"**

正是这个看似简单的问题，往往能帮助客户从问题的漩涡中抽离出来，重新聚焦于目标本身。这正是有力提问的精髓所在——**将能量从过去的问题转向未来的可能性。**

3.2.2 有力问题的五种类型

什么样的问题才算"有力"？它们具备哪些特征？

有力的问题通常**简洁**、**直接**、**清晰**，能够引导积极思考，聚焦目标与解决方案，激发下属的创造力与潜能，拓展其视野，帮助其建立新的觉察，实现成长。

在教练式管理中，提问的核心价值在于引导下属进行自我反思，发现盲区，并主动探索解决路径。以下五种常见的提问类型及其示例，供您参考。

1. 目标导向类问题（聚焦未来与愿景）

目的：引导下属关注未来，明确目标，激发内在驱动力。

示例：

· 如果项目最终成功，会呈现出怎样的局面？

- 你希望通过这件事达成什么样的成果？
- 一旦问题得到解决，你会有哪些具体的改变？
- 如果资源不受限制，你理想中的解决方案是什么？

2.价值观和动机类问题（联结深层驱动力）

目的：挖掘下属行为背后的价值观，增强其内在动机。

示例：

- 实现这个目标对你个人而言意味着什么？
- 如果项目成功，你最希望获得哪方面的认可？
- 这件事与你所重视的价值观有何联系？

3.资源探索类的问题（激活已有能力与支持）

目的：引导下属发现自身未被充分利用的资源与优势。

示例：

- 面对类似挑战时，你过去是如何成功应对的？
- 你身边有哪些人可以为你提供支持？
- 你如何将以往的成功经验应用到当前任务中？

4.创建觉察类的问题（看到盲区引发反思）

目的：帮助下属识别盲区，打破思维定势，拓展新的可能性。

示例：

- 你刚才提到"这件事做不到"，这个判断的依据是什么？
- 你常说"创新很难"，有哪些固有思维值得重新审视？
- 每次谈到改变时你都会皱眉，你对此有什么觉察？
- 说到这里时，你的眼眶有些湿润，你注意到了吗？

5.引发行动类的问题（强化自主性与行动力）

目的：促使下属从被动变为主动，明确自身责任，推动行动落地。

示例：

- 在未来一周内，你可以采取的第一步行动是什么？
- 如果由你全权负责这项计划，你会如何推进？
- 你打算什么时候开始实施？

3.2.3 警惕三类"杀手"问题

在实际管理中，管理者常因思维惯性而陷入提问误区。以下三类问题如同"隐形炸弹"，极易破坏与下属之间的信任关系。

第一类：反问式提问

例如：

- "你连这个都不清楚吗？"
- "难道你还没听明白吗？"

在我还是下属时，曾遇到一位管理者频繁使用此类反问句，语气中常带有轻蔑与不耐烦，甚至伴随翻白眼等肢体语言，令人感到极度不适。

这类反问式问题容易引发下属的防御情绪，抑制其表达欲望，造成心理压迫。

第二类：封闭式问题

封闭式问题具有较强的引导性和压迫性，容易抑制下属的主动性，进而破坏信任关系。

例如：

- 你是否还有其他想法？
- 你能不能先想清楚再行动？
- 要么按照我说的修改，要么离开，你选择哪一个？

第三类："为什么"开头的提问

以"为什么"开头的问题，通常会将注意力引向过去，容易引发下属的解释与辩解。

例如：

- 为什么会出现这样的问题？
- 当时为什么没有考虑周全？
- 你为什么会有这样的想法？
- 为什么没有向我汇报？
- 为什么你没有处理好与跨部门同事的关系？

等等。

面对此类问题，人们的第一反应往往是解释或辩解，因为从语气中能感受到管理者的不满情绪。

频繁提出"为什么"的问题，反映出管理者的问题导向思维，即出现问题时，本能地去追究责任。

这类问题是面向过去的、问题导向的。虽然在复盘时可以提出此类问题，但如果目的是解决问题，这种提问方式可能会抑制下属的思考。

与问题导向相对应的是目标导向，关注的是解决方案。目标导向是教练式管理的核心思维模式，更关注未来想要实现的目标。例如：

- 你想要实现什么样的目标？
- 这件事是如何发生的？
- 接下来可以做些什么？
- 通过这件事，你能学到什么？
- 如果下次再遇到，你会避免做什么？

因此，在教练式对话中，不建议过多使用"为什么"问题，因为"为什么—因为"的对话模式容易停留在过去，无法开启下属对未来的探索，反而会缩小思考范围，抑制对方的探索能力。（见表3-2）

表 3-2 目标导向和问题导向

维度	问题导向	目标导向
关注点	追究责任	关注解决方案
提问句式	出了什么问题 为什么会发生这样的事情 这是谁的错	你想要实现的目标是什么 发生了什么 从中可以学习到什么
行为方式	指责/抱怨/批评	鼓励/激发/赋能
结果	引发焦虑与推诿	激发反思与行动

小贴士：

有一种"为什么"提问是例外，它聚焦于探索价值观和意义。例如："它为什么对你如此重要？"

3.2.4 有力问题的三大实战武器

如何提出有力的问题？以下为您分享三大实战武器。

1.开放式问题——打开思维的阀门

开放式问题与封闭式问题

开放式问题如同打开"水龙头"，能够释放下属的思考潜力，帮助其积极探索，突破思维局限，拓展思考范围，激发创意。

开放式问题通常有多种答案，而非只有一个。教练式管理的核心在于激发下属探索各种可能性，挖掘其潜能，引导其思考那些从未想过的问题。

因此，开放性问题能够更好地激发下属，通过5W2H的方法了解事实。

例如：

· 何时完成（when）？

· 谁需要参与（who）？

· 需要多少预算（how much）？

等等。

封闭式问题通常只有一个答案，如"是"或"否"、"对"或"错"、"做了"或"没做"。这类问题的答案往往是基于过去得出的结论，而非面向未来的探索，同时具有一定的引导性，容易限制下属的思考。

封闭式问题在谈话过程中，主要用于澄清和确认。

例如：

· 刚才你说的是……，对吗？

· 你提到一……二……三……，是这样的吗？

在谈话结束时，可以用封闭式问题与下属进行确认。

例如：

· 今天的谈话你觉得达成想要的目标了吗？

· 你有信心去行动吗？

通过表3-3的对比，体会开放式问题与封闭式问题的差异。

表 3-3　开放式问题与封闭式问题

封闭式问题（限制式）	开放式问题（赋能式）
你是否还有其他想法	对于这件事，你还能想到哪些方法
你是否愿意探讨这个问题	关于这个问题，你能想到些什么
我认为这事不靠谱，你觉得呢	你对这件事怎么看
你能不能先想清楚了再去行动	以后遇到类似情况，你认为怎样处理更合适
你能不能多站在他人的角度去想想	如果你是对方，你会怎么看
你是否进行过反思	从这件事中，你学到了什么
……	……

2.假如式问题——穿越时空的想象力

在前文提到的三脑原理中，视觉脑负责图像化思维。而假如式问题正是激活视觉脑的有效提问方式。

小学时，我曾读过海伦·凯勒的《假如给我三天光明》，这本书激励了无数读者。

假如式问题能够引导下属畅想美好未来，在脑海中构建画面，充分调动其想象力与创造力，激发潜意识的视觉空间。以下是三种常见的假如式问题。（见图 3-6）

奇迹式问题

此类问题帮助下属跳脱现实困境，自由畅想。就像手握哈利·波特的魔法棒，任何愿望都有可能实现。

适用场景：当下属被现实困境所困，思维受限，常说出"太难了""我做不到""资源不足"等消极语言时。

示例：

· 假如奇迹发生，你期望的一切都已实现，那会是怎样的场景？

· 如果所有障碍都消失，你会采取哪些行动？

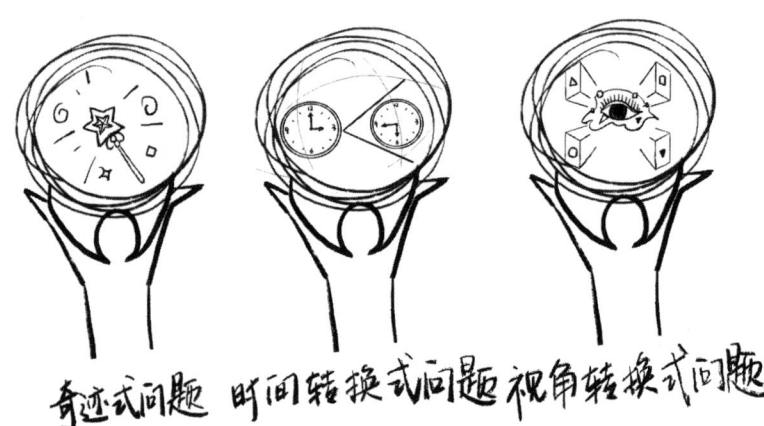

图3-6　三种常见的假如式问题

・假如问题已经解决，你的做法会有何不同？
・如果你拥有解决一切问题的资源，你会怎么做？

时间转换式问题

通过将时间线延伸至未来，引导下属跳脱当前视角，从未来的角度回望现在。

适用场景：适用于未来愿景、目标设定、任务规划、职业发展或决策困难等议题。

示例：

・假如现在是年底，你会如何评价自己这一年的表现？（聚焦目标）
・假如五年后的你回望现在，你希望自己正在做什么？成为什么样的人？（职业规划）
・三年后的你，会如何看待当下的这个决定？（决策反思）

视角转换式问题

很多时候，我们之所以陷入困境，是因为习惯从"第一视角"看问题，容易以偏概全，难以理解他人，进而影响人际关系。通过视角转换，可帮助下属建立多元思维，学会换位思考或中立观察，从而更全面地理解问题，找到解决之道。

适用场景：适用于撰写方案、制定营销策略、处理合作关系或上下级关系等问题。

示例：

他人视角（换位思考）

· 假如你是客户，你会如何评价这个方案？

· 如果是你尊敬的资深专家面对这个挑战，他会怎么做？

· 假如你是跨部门的同事，你会如何看待你自己？

第三方视角（中立观察）

· 如果你站在中立第三方的角度，你会如何看待这件事？

· 假如你是一台摄像机，记录下了刚才的情景，你看到了什么？画面中的两个人是如何互动的？

3.度量式问题——让抽象事物具象化

度量式问题通过数字评分（通常为1至10分）将抽象的感受或状态具象化，帮助下属更清晰地评估和表达。

评估清晰度、意愿度、承诺、动力

· 你认为当前目标的清晰程度可以打几分？

· 你有多大程度想要改变现状？（如职业、健康等）请用1至10分评分。

· 对于刚才制定的行动计划，你的执行承诺度有几分？

· 你有多想掌握这项技能？请用1至10分评分。

评估信心程度

· 你对迎接这次挑战的信心有几分？请用1至10分评分

· 如果你想提升1分自信，现在可以做些什么？

· 如果你的自信提升1分，你会有什么不同？

其他

· 这件事在多大程度上是你能掌控的？请用1至10分评分。

· 你期望该项目达到什么水平？请用1至10分评分，如果达到8分，你将如何验证？

要提出有力的问题，除了掌握上述技巧层面的"术"，管理者更需具备正确的思维方式与心态。管理者应培养教练式思维：以未来为导向，建立伙伴关系，注重激发与赋能；同时保持开放与好奇的心态。

觉察时刻

1. 在最近一次对话中，你提出的问题中，问题导向与目标导向的比例各占多少？
2. 回顾最近一次与下属的深度交流，你提出了哪些有力的问题？

实战练习

在下次沟通中，尝试使用一个假设式问题提问，并记录下属的反应变化。

情境练习

当你向下属布置任务时，对方摇头表示："当前经济环境不好，竞争激烈，这项任务很难完成……"

作为上级，你该如何提问，才能激发他愿意尝试并接受任务？

参考提问策略：

- 接纳情绪："我理解你的担忧，请具体说说困难在哪里。"
- 转换视角："假如你是行业顶尖专家，你会如何突破这个困境？"
- 聚焦资源："过去你曾成功应对类似挑战，当时用了哪些方法？"
- 小步推进："接下来一周，你愿意尝试的最小行动是什么？"

有效的反馈不是批评，而是帮助对方看见盲区，并相信他们能做得更好。

——金·斯科特（Kim Scott），前谷歌高管

3.3 有效反馈

3.3.1 有效反馈的价值

管理者的核心使命，是通过促进下属的成长，进而推动业务目标的达成。教练式管理强调以结果为导向，而反馈则是确保下属行动与目标保持一致的关键手段。

对话结束后，下属是否真正理解任务要求？是否按承诺执行？在执行过程中是否遇到困难？哪些行为值得肯定并固化，哪些又需要及时调整？这些都需要管理者通过持续跟踪与反馈来确认。

反馈的本质，是帮助下属进行自我审视，就像出门前照镜子整理仪容，从而更好地调整自身状态。反馈还能帮助下属跳脱自我视角，识别自身盲区，缩小自我认知与外界评价之间的差距。

我在职场工作近三十年，在不同发展阶段曾接受过许多上级的反馈，这些反馈让我受益良多。其中有一位上级，在听完我试讲课程后给出的反馈，让我至今难忘。她说："在大教室授课时，声音洪亮是优势；但面对小规模听众时，适当降低音量反而能增强亲和力，拉近与学员的距离。"

这番反馈让我意识到，过去我总认为讲师应始终保持洪亮、富有节奏的语调，却忽略了不同场景对语音语调的不同需求。此后，我会根据教室大小和学员人数灵活调整语音语调，显著提升了教学效果。

反馈的核心在于**赋能**。通过客观观察与真诚沟通，不仅能推动下属行为的持续优化，也能加深管理者与团队之间的信任。

3.3.2 反馈中的常见问题及其负面影响

许多管理者因担心引发冲突或受情绪影响,常常陷入以下反馈误区。

1. 反馈不及时

管理者未能在事件发生后及时给予反馈,而是拖延很久才提出。

影响:事后翻旧账容易引发抵触情绪,也错失了及时改进的时机。

2. 反馈过于模糊

管理者常使用模糊语言,如"你做得不错"或"你需要改进",却未具体说明哪些方面表现良好或需要改进。

影响:缺乏明确的改进方向,使下属无从下手,甚至可能被认为是在敷衍了事。

3. 只批评不认可

这种现象十分普遍:管理者往往只关注错误与不足,而忽视了正面行为的肯定。

影响:下属容易感到挫败与被忽视,士气可能因此受挫;长期如此,甚至会对工作失去热情。

4. 缺乏建设性建议

管理者虽然指出了问题,却未提供具体的解决方案或改进建议,犹如"只诊断不开药"。

类似的情况也常见于家庭教育中:家长批评孩子一通,却未告诉孩子今后该如何改进。

影响:下属因不清楚如何改进,可能重复犯错或停滞不前。

5. 情绪化反馈

管理者在情绪失控时给予反馈,语气强硬,甚至带有人身攻击。

影响:容易引发下属的防御心理,阻碍有效沟通;下属可能感到被冒犯或羞辱,进而损害信任关系。

6. 反馈频率不足

平时缺乏反馈,仅在年度评估时进行突击式反馈。

影响：下属缺少持续的成长指导，难以及时纠正偏差；问题可能因此积累，最终难以解决。

尤其在下属绩效不佳、面临解雇的情况下，若缺乏日常反馈，员工往往难以接受结果，甚至可能提出申诉。

7.回避负面反馈

管理者为避免冲突，选择回避负面反馈，只提供正面评价，完全不提改进空间。

影响：下属可能误以为自身表现完美，无须改进，导致能力停滞不前。

因此，若反馈不到位，将引发一系列负面后果：下属成长受限、信任关系受损、团队士气下滑、绩效增长停滞，最终陷入"管理失效"的恶性循环。

3.3.3 有效反馈的四个特点

1.以成长为导向

帮助下属识别自身盲区，推动其改进与完善，从而实现持续成长。

2.客观描述

反馈应基于事实与观察，进行客观描述（如"你在会议中迟到了30分钟"），而非主观臆断或贴标签（如"你很不靠谱"）。

3.反馈的可接受性

反馈时应考虑下属的心理承受能力，避免激发其防御机制。

我曾因忽视这一点，导致一次反馈未能奏效。那次沟通中，下属情绪失控，谈话被迫中断。

4.反馈的可行性

所提建议应在下属能力范围之内，若目标过高，反而可能打击其信心。

3.3.4 有效反馈的五项原则

及时性：事件发生后应尽快反馈，理想时间为24小时内，最迟不超过一周。

具体化：避免模糊表达，需明确指出具体行为，如"报告第三页的数据存在错误"。

倾听优先：建议用70%的时间倾听下属，30%的时间给予指导。

提问启发：通过提问引导下属自主思考，如"你认为哪些环节还可以优化"？

坦诚且尊重：在提出负面反馈时，应坦诚指出问题，同时充分考虑下属的感受与接受能力。

3.3.5 反馈的心理学基础

心理学研究指出，个体的自我意识是在社会互动中逐步形成与发展的。社会心理学家库利（Cooley）指出：**自我是一面镜子，它从别人那里反映自己的行为，自我是经历无数次他人评价而形成的社会产物。**

在自我认知的过程中，个体会不断调整自身行为以适应外界反馈。反馈有助于提升自我认知，因此是推动行为改变的重要手段。

通常，人们先有内在动机或想法，继而付诸行动，最终产生影响或结果。（见图3-7）

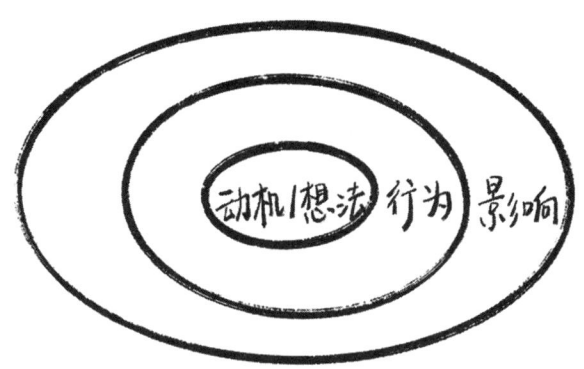

图3-7 反馈的心理学基础

对于这三项内容，不同视角的关注点各有侧重。

作为管理者，我们往往更关注下属的**行为表现**（如迟到、被投诉、任务延误）及其带来的**影响**（如个人信誉受损、团队信任下降）。

而下属则更清楚自身的**动机**（如家庭突发状况、身体不适），却难以意识到其行为对**外部的影响**，比如对上级、合作方及团队造成的后果。

因此，**行为**是双方都能观察到的客观事实。反馈应聚焦于行为本身，避免对动机或想法进行揣测。我们应培养一种觉察意识，意识到对他人的动机揣测未必准确，因此应尽量使用**客观**描述的语言进行反馈。

例如，你与下属约定了一对一沟通，但对方迟到了30分钟。

此时可采用描述性语言进行反馈："我们原定上午10点沟通，你10:30才到，是遇到什么特殊情况了吗？"这种客观描述结合提问的方式，有助于了解真实情况，也更容易被下属接受。

如果换成："你怎么这么不守时？太不靠谱了，我等了你很久。"这样的表达容易激发下属的防御情绪，使其进入对抗状态。

3.3.6 反馈的三个类型

反馈是管理者促进下属成长的关键工具。依据目标与方式的不同，可将其分为积极反馈、消极反馈与建设性反馈三类。

1. 积极反馈——点燃内在动力的燃料（见图3-8）

图3-8 点燃内在动力的燃料

积极反馈侧重于肯定具体行为及其正面影响，并鼓励下属继续保持。其核心在于认可并赞扬下属的良好表现。及时的表扬与认可，能够增强下属的积极动机、自信心与归属感，提升其工作意愿，并建立持久的信任关系。

每个人都渴望被认可与赞扬，这是人之常情。因此，在实际工作中，一旦发现下属表现出色，应立即给予肯定与鼓励。然而，许多管理者并未做到这一点。

我曾在企业内开展"教练型领导力"项目，其中有一个环节是让学员（管理者）相互练习表扬与赞赏。许多管理者在课程结束后表示，这一环节对他们触动颇深。他们平时不善于表扬与赞赏，虽然心中认可，却难以当众用语言表达出来，无论是对下属、同事还是家人，常会感到难为情。

部分管理者对自身及他人要求极高，下属难以达到其标准，因而很少给予表扬。在以往的4D领导力测评中，下属在"赞赏与表扬员工"维度的评分普遍偏低，说明这方面仍有较大提升空间。

后来我才意识到，每次获得上级的表扬，我都会非常开心。换位思考，下属自然也会有同样的感受。有了这一觉察后，我开始更加注重对下属的表扬与赞赏。

只要发现下属有所进步，或做出超出预期的事情，我都会在例会上公开表扬。在一次设计方案讨论中，一位下属补充了一条极具价值的信息，为项目带来重要启发，我当场对他表达了赞扬与感谢。

还有一次，一位下属在项目中带病坚持加班至深夜，这一情况是由其他同事告知我的，当时我并不在现场。得知此事后，我通过微信向下属表达了对其责任感和坚韧精神的认可，并在工作群中公开表扬。大家纷纷发送点赞与鼓励的表情，下属感到非常欣慰。

2.消极反馈——警惕"双刃剑"的伤害性（见图3-9）

消极反馈侧重于指出下属的错误与不足，其核心在于识别问题并推动改进。

以下属于典型的消极反馈：

- 你的报告中有多处数据错误。
- 你的时间管理能力有待提升。

图3-9 警惕"双刃剑"的伤害性

- 我发现你情绪容易波动。
- 你这次的表现不尽如人意。
- 项目进度明显滞后。
- 你在这个项目中的表现令人失望。

……

消极反馈中，指出问题对下属成长固然重要，但问题的界定往往因视角不同而存在差异。若忽视这一点，消极反馈容易引发下属的不安、困惑、沮丧甚至抵触情绪。

管理者也应反思：

- 是否混淆了"批评行为"与"否定个人"？

例如："你这次汇报逻辑不够清晰"（针对行为）与"你根本不会沟通"（人身攻击）。

- 是否在反馈中夹杂情绪宣泄？

在提出消极反馈时，应反思自身是否真正做到对事不对人，是否传递出强烈的不信任感。

3.建设性反馈——从"挑错"到"赋能"的进化（见图3-10）

建设性反馈聚焦于指出下属的问题、错误及改进空间。与消极反馈不同，建设性反馈不仅指出问题，还提供具体的改进建议与行动计划，帮助下属理解问题、解决问题，从而实现成长。

图3-10 从"挑错"到"赋能"的进化

管理者有责任提供建设性反馈，帮助下属正视问题、错误与盲区，这是其应尽的职责。

4.反馈类型的选择策略

·建议采用70%积极反馈与30%建设性反馈的组合，营造成长型团队氛围。

·紧急问题需立即解决时，优先采用建设性反馈。例如，数据错误需及时修正。针对重复性错误，可结合积极反馈与建设性反馈：先肯定过往的进步，再提出新的改进要求。

积极反馈是团队文化的"播种机"，建设性反馈是绩效突破的"加速器"，而消极反馈则是需谨慎使用的"警示灯"。

优秀的管理者懂得运用反馈类型的"组合拳"激发下属潜能，让认可充满温度，让批评有明确尺度，为成长规划路径。

3.3.7 有效反馈的模型及技巧

1.积极反馈的技巧——BIA模型

·行为（Behavior）：描述具体行为。

·影响（Impact）：阐明价值和意义。

·赞赏（Appreciation）：表达认可和欣赏。

示例

情境介绍：

两周前，下属接受了一个极具挑战性的任务，时间紧迫。他勇敢地接受了挑战，并在两周后按时、高质量地完成了任务。对他进行积极反馈。

上级反馈：

你近期按时完成了这一极具挑战的任务。为了完成任务，你连续两周加班，主动向身边的同事请教，不断学习钻研，并参考了wiki上其他同事的做法。（行为）

这一任务的突破使我们领先于竞争对手上线，为公司赢得了市场先机。（影响）我非常欣赏你迎难而上、做事认真、积极寻找解决方法的精神，希望你再接再厉！（赞赏）

积极反馈小贴士

- 当众表扬：确保内容真实具体，避免空洞无物。
- 及时性：真诚的即时反馈优于年终总结中的泛泛而谈。
- 仪式感：准备小礼物或奖励外出学习机会，让反馈落到实处。

2.建设性反馈技巧——AAIDD模型

- 行为（Action）：指出具体问题。
- 询问（Ask）：提出询问，了解情况。
- 影响（Impact）：说明后果和负面影响。
- 期望行为（Desired Behavior）：提供改进方向。
- 讨论（Discuss）：共同探讨解决或改进办法。

示例

情境介绍：

本周三，下属提交的数据报告存在误差。这份报告非常重要，是提供给管理层做决策之用，一旦出现误差会导致决策失误。上级给予下属反馈。

上级反馈：

- 行为（Action）：我注意到你本周提交的三份数据报告中存在三次数据

误差。

· 询问（Ask）：你平时做事很细心，之前从未出现过这种情况，这次发生了什么特殊情况吗？

· 影响（Impact）：你也清楚，这份数据报告是供领导决策之用，一旦出现误差导致决策失误，不仅会给公司带来重大损失，还会使领导对我们部门的专业性产生质疑。

· 期望行为（Desired Behavior）：希望今后不再出现此类误差。

· 讨论（Discuss）：我们可以共同探讨一些避免此类问题的方法。

这样的反馈，既让下属感受到被关注，帮他看到问题，同时上级与他共同探讨解决办法，让他感受到被支持，这种反馈是有效的建设性反馈。

有效反馈是管理者最直接的能力杠杆，通过"照镜子"助力下属成长，通过"搭梯子"推动团队发展。只有将反馈转化为日常习惯，才能实现教练式管理的终极目标——**让每个人成为自己的问题解决者**。

觉察时刻

1. 回顾过去一周的三类反馈：积极反馈、消极反馈和建设性反馈，分析哪一类反馈占比最高，并总结相关发现。

2. 回顾近期三次反馈，检查是否遵循了 BIA 或 AAIDD 模型。

练习

制定下周反馈计划，至少对两名下属给予积极或建设性反馈，明确反馈内容及方式。

情境练习

有一位下属经常迟到,在过去2个月内,他连续3次周会迟到,每次约20分钟,影响了会议进度。

面对这种情况,你如何给予下属有效反馈?

参考话术

"您最近两个月内连续三次周会迟到,每次迟到约20分钟(Action 行为),不知发生了什么事情?(Ask 询问)作为会议的重要参与者,您的迟到导致会议议程被压缩,讨论不够充分,进而引发其他同事的抱怨,影响了团队整体士气(Impact 影响);希望您以后能够准时参加会议(Desired Behavior 期望行为),针对如何确保今后准时参会,您有何具体计划或建议?(Discuss 讨论)"

CHAPTER 4

第四章

教练式管理实战应用
（个人）

教练不是给答案，而是通过GROW对话流程，让答案从对方心中自然生长。

——玛丽莲·阿特金森（Marilyn Atkinson），MCC级教练

4.1 GROW对话流程

4.1.1 GROW对话流程介绍

教练式管理借助明确的对话流程，变得更加结构化且高效。在众多对话流程中，GROW模型因其简洁实用而备受青睐。该模型由约翰·惠特默和艾伦·范恩提出，通过聚焦目标（Goal）、厘清现状（Reality）、创造选择（Options）、强化意愿（Will）四个步骤，助力管理者引导下属从模糊的问题迈向清晰的行动路径。（见图4-1）

其优势在于结构清晰、逻辑连贯，尤其适用于应对中层管理者所面临的复杂挑战。

图 4-1 GROW模型

Goal（聚焦目标）：明确期望的结果，设定鼓舞人心且正向表达的目标。

Reality（厘清现状）：了解之前行动的结果，明确可用资源及面临的干扰因素。

Options（创造选择）：充分调动创造力与想象力，创造多种方案，并进行优先级排序。

Will（强化意愿）：推动行动计划，明确责任，获取承诺。

1. 聚焦目标（Goal）

设定一个鼓舞人心且正向表达的目标至关重要。例如，"提升团队效率"比"减少无效率的时间浪费"更能激发积极性。

一个好的目标通常具备以下特点：

· 正向描述。

· 可控。

· 符合SMART原则。

· 具有挑战性。

· 易于理解。

聚焦目标包含四个步骤。

1）谈话切入

下属、管理者都有可能是对话的发起者。

若由下属发起对话，管理者应首先表示欢迎，暂停手头工作，专注倾听下属发言，并运用开放式问题引导下属表达困惑与想法。

例如：

· 发生了什么？你看起来有些焦虑。

· 今天想聊些什么？

· 有什么我能支持你的吗？

若由管理者发起对话，通常是管理者发现问题后，主动找下属沟通。在谈话开始时，应先征询下属意见。

例如：

· 上周的客户反馈显示交付质量有所下滑，我想和你一起探讨一下改善方法，现在方便吗？

· 上次沟通之后，你提到的行动计划是……，目前只有一项行动在推进，另外两项没有启动，我想了解一下情况，可以吗？

2）澄清需求

在这个过程中，管理者要运用专注地听和同理心聆听，明确下属面临的问题和挑战，同时探询真实的意图和需求。

例如：

- 你提到项目推动起来很难，具体是哪些环节让你感到压力？
- 如果这个问题解决了，你最希望看到的结果是什么？
- 在这个事情中，你最看重的是什么？

3）关注目标

了解基本情况和问题后，需转向谈话要实现的目标，否则容易引发抱怨等负面情绪持续蔓延。

例如：

- 今天的谈话，你希望实现什么目标？
- 实现这个目标能给你带来哪些成长？
- 如果目标实现了，会给部门带来什么价值？
- 你如何衡量这个目标？

4）确认目标

明确了目标之后，需与下属进行确认，以确保双方对目标的理解一致。管理者可以进行总结确认，也可以让下属进行总结。

例如：

- 总结一下，今天谈话的目标是在两周内优化跨部门协作流程，提升项目交付速度，对吗？（管理者总结）
- 如果用一句话总结今天希望实现的谈话目标，是什么呢？（让下属总结）

小贴士：

目标需兼顾三方：公司目标、团队目标和个人目标，三者缺一不可。企业中每个个体的目标都源自公司战略的层层拆解，不能仅关注公司目标而忽视下属个人目标，否则下属缺乏动力；也不能仅关注下属个人目标而忽略公司和团队目标，因为个人目标最终服务于公司目标的达成。

目标需双方协商达成一致：管理者不能将目标强加于下属，否则下属因缺乏选择权而士气低落，最终导致目标无法实现。

2.厘清现状（Reality）

此步骤帮助理解当前的情况，明确现状与目标之间的差距，识别面临的障碍和干扰，了解已采取的行动及其结果、调动内在和外在可用资源。

厘清现状包含以下四个关键点。

1）明确差距

问题示例：

· 如果满分10分，你给当前的协作效率打几分？理想状态是几分？

· 现状与目标的差距主要体现在哪些具体指标上？

· 现在离目标还有多远？

2）分析原因

问题示例：

· 造成差距的主要原因是什么？

· 是什么导致了问题的发生？

· 影响的主要因素有哪些？

3）识别干扰

问题示例：

· 面临的主要挑战是什么？

· 哪些因素让你在推进时感到犹豫？

· 现在主要的障碍是什么？

· 是什么阻碍了你采取行动？

4）调动资源

问题示例：

· 到目前为止你采取了哪些行动？结果如何？

· 你过去处理过类似挑战吗？当时的成功经验是什么？

· 你已经拥有哪些资源？

· 你还需要什么资源？

- 哪些同事或外在资源能为你提供支持？

例如，我曾辅导过一位客户，她的主题是控制情绪，她在与母亲沟通时经常情绪失控。

我问她："过往是否有过能控制自己情绪的经历？"

她说："有。"

我继续问她："是在什么情况下？"

她说："在工作场合我很少情绪失控。"

我继续问她："你是如何做到的呢？"

她说："我有一个信念：在职场中情绪失控损失很大（带给自己的负面影响较大），所以尽量不要失控。"

我继续问她："这个经验如何帮助你在面对妈妈时做到控制情绪呢？"

她想了很久，说："妈妈是我生命中最重要的亲人，若与妈妈的关系处理不当，那才是我生命中最大的遗憾。"说到此处，她露出了轻松的笑容。

过往的经验被迁移到了新的场景中，她找到了内在资源。

3. 创造选择（Options）

明确了目标和现状后，接下来就是带领下属创造选择，鼓励下属探索多种可能的解决方案，避免过早评判任何想法。在这一阶段，应尽可能多地产生创意，数量比质量更重要，然后进行优先级排序。

创造选择包含以下四个关键点。

1）创造成功画面，提升能量

示例：

- 如果该项目取得了成功，将会呈现出怎样的画面？
- 如果项目真的做成了，大家聚在一起庆祝时，你会看到怎样的画面？
- 如果邀请你向大家分享成功经验，你最想分享什么内容？

2）运用奇迹式问题超越障碍

如果下属通过创建成功画面，思路被打开了，可以直接进入第三步脑暴阶段。然而，有时虽然下属的能量被调动起来了，一旦尝试探索方案，能量又会下降，他们可能会说："这个太难了""他们不会同意的""资源不够"等等。

如果这些干扰仍在作怪，此时可以运用奇迹式问题，帮助下属超越障碍。

示例：

- 假如奇迹真的发生了，所有障碍都不存在，你将如何行动？
- 假如他们真的同意了，你打算如何开展呢？
- 如果魔法棒一挥，所有障碍消失，你会如何设计行动计划呢？

这样，更多的创造性的想法就会涌现出来。

3）进行头脑风暴

接下来可以运用平衡轮（见图4-2）进行头脑风暴，也可以通过便利贴书写各种想法。平衡轮的好处在于我们从小就有填空的习惯，总想把那8个空填满，这样会带来很强的成就感。

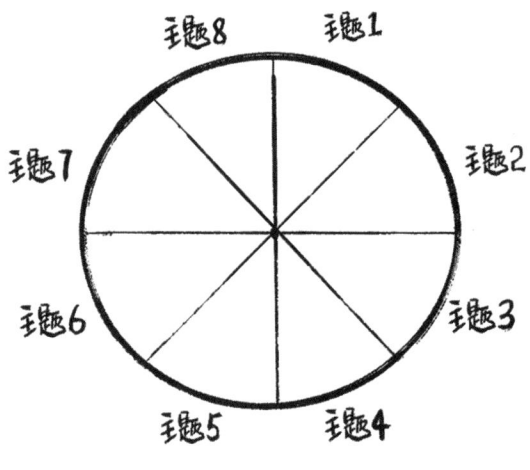

图4-2 平衡轮

具体操作可以是下属说，管理者来记录，或者让下属自己写。如果下属已经穷尽了所有选项，管理者可以再追问他一个问题：

"如果你邀请一位该领域的专家，你认为他会给出什么建议？"

帮助下属调动资源，继续拓展思路。

当然管理者也可以提出一些建议和做法，帮助下属丰富想法。

4）聚焦排序

罗列了所有方法和创意后，此时需要进行排序，聚焦核心方法。

可以参考从可行性、成本、效果三个维度，给每个方案打分，选出前三名。

"如果只能选择一个方案进行试点，你将如何决策？"

4.强化意愿（Will）

最后一步是确保行动计划具体可行，并获得承诺。强调每一步的重要性，强化下属执行的意愿，同时探讨潜在的阻碍因素及其应对策略。

有时在对话过程中，下属被激发并赋能了，但真正回到实际工作中，却没有采取行动，因此，最后的"临门一脚"是非常重要的。

强化意愿包含以下四个操作要点。

1）推动行动计划

唯有行动才能带来真正的改变，要推动下属迈出第一步。

示例：

·接下来你要做些什么？

·你打算何时开始去做呢？

·你什么时候迈出第一步？

·如果采取一小步行动，会是什么呢？

2）看到干扰，进行赋能

同时帮助下属看到可能的阻碍因素。

示例：

·什么因素可能会阻碍你采取行动？

·你将如何减少这些阻碍因素？

如果观察到下属在说到行动时语气不够坚定，需要继续进行信心评估和赋能：

·按照刚才制定的行动计划，你执行的信心程度是多少分（1~10分）？如何将信心从7分提升到9分？

·如果给三个月后的自己写一封信，你会写下哪些鼓励的话语？

这样可以帮助下属进行觉察，继续赋能，突破卡点，推动他真正有动力去执行。

3）确认目标达成，总结谈话价值

对话结束前，确认谈话目标是否达成，并总结谈话价值。通常会让下属进行总结。

例如：

· 今天的谈话目标实现了吗？

· 今天的谈话你有什么收获和发现？

4）管理者赋能，结束对话

最后，管理者对下属进行认可，加油鼓劲。

例如：

· 刚才谈话中，我能感受到你对成长的渴望以及积极面对挑战的态度，我会全力支持你，期待你的好消息！

· 任何需要支持的环节，随时与我联系——我们可以约定每周三下午进行固定沟通。

以上是GROW对话流程的完整做法。有时一个对话不必那么复杂，不一定每一步都包含在内，可以根据实际情况灵活操作。

4.1.2　GROW对话的前提——建立信任

教练式管理有一个重要前提，那就是与下属建立较强的信任关系。否则，下属很难敞开心扉，教练式管理只会流于表面，难以达到预期效果。

管理者要在日常注意与下属建立信任关系，信任从了解开始。

主动了解他们的成长环境、教育背景、家庭情况、过往经验，这些是冰山以上的显性信息；同时还要多去了解他们的兴趣爱好、擅长的技能、性格特征、价值观、职业发展诉求，这些是冰山以下的隐性信息，需要持续不断深入沟通和接触才能进一步了解。

多关心下属的状态，了解他们目前是否遇到哪些挑战与困惑。

除了定期与下属进行一对一沟通，还要多利用一些非正式场合与他们在一起，比如一起吃工作餐、运动等，这样可以更好地增进了解，加深情感连接。

管理者也要多与下属分享自己的信息，让下属对自己有更多了解，包括过往经历、家庭情况、价值观、职业规划等。

除了日常与下属建立信任关系外，在正式开展GROW对话前，营造安全、放松的氛围至关重要。可选择合适的地点（如安静的会议室或咖啡馆），采用开放而非对抗性的身体语言，同时避免批评与指责。

4.1.3 养成教练思维

在实际工作中，完整运用GROW对话流程的情况通常不多，主要出现在一对一的正式沟通中。日常与下属之间存在大量的沟通，管理者随时可以运用积极聆听和有力发问去启发下属思考，这可以有效地帮助管理者逐渐养成教练思维。

场景一：跨部门合作不畅

下属抱怨跨部门合作的同事不配合。

运用假如式问题进行提问，帮助换位思考：

- 如果你站在对方的角度，你觉得他们最关心的是什么？
- 如果你做了什么，他们更愿意配合呢？

场景二：营销策略制定

下属在制定一个营销方案，不知道怎样的营销策略会吸引用户参与。

运用假如式提问帮助下属进行视角转换：

- 如果你是用户，什么样的营销活动会让你感兴趣？

创造成功画面，提升能量：

- 如果你策划的营销方案很受用户欢迎，那会是什么样的？用户会如何评价？

场景三：行动过程受挫

当下属在行动过程中遇到挫折，有些沮丧。

通过连接意义/价值对下属赋能：

・如果你最后做成了，会跟之前有什么不一样？你会收获什么？

也可以通过连接初心进行赋能：

・做这件事的初心是什么？为什么对你来说很重要？

等等。

通过积极聆听、有力发问和有效反馈，激发下属主动思考，这些都是教练式管理在工作中的应用与体现。

4.1.4 GROW问题清单

1.聚焦目标（Goal）

・你理想的目标状态是怎样的？

・你有哪些鼓舞人心的目标？

・成功的结果是怎样的？

・实现该目标对你而言意味着什么？

・实现该目标对你、团队及公司为何重要？

・实现该目标将为你个人带来什么？

・你希望成为怎样的人？

・你需要怎样的提升才能达成此目标？

・如何将该目标拆解为更小的子目标？

・成功完成任务后会是怎样的？

・你计划何时达成该结果？

・实现目标将为你或用户带来哪些显著变化？

・若达成目标，你或团队将与现状有何不同？

・在这次对话中，你希望获得什么？

・听起来你有两个目标，你想先专注于哪一个？

- 聚焦于哪里探索，对你而言最有帮助？
- 探索出何种结果，对你最有支持作用？
- 你如何知晓已达成该结果？

2.厘清现状（Reality）

- 当前正在发生什么情况？
- 这对你而言有多重要？
- 你目前的状态是几分？（按1~10分打分）
- 你期望达到几分的状态？
- 这会对你产生什么影响？
- 还会对谁产生影响？
- 你个人对结果有多少掌控权？
- 到目前为止你采取了哪些行动？
- 什么阻碍了你采取更多行动？
- 有哪些因素阻碍你达成目标？
- 有哪些内部阻力阻碍你采取行动？
- 面临的主要风险是什么？
- 面临的主要挑战是什么？
- 哪些是最关键的挑战或干扰？
- 你已经拥有哪些资源？（如技能、时间、金钱、支持等）
- 你正在做哪些事情以支持自己达成目标？
- 过往是否遇到过类似情况？有哪些经验可供借鉴？
- 你能依靠自己的是什么？
- 你最自信或有把握的是什么？

3.创造选择（Options）

- 如果有更多的时间或人力支持，你会怎么做？
- 如果你真的做成了，你最想跟大家分享什么？
- 过往经验证明哪些方法是可行的？
- 你可以采用哪些不同的方法来处理此问题？

- 你如何改善这种状况？
- 还有哪些可行的方案？
- 你可以在哪里找到相关信息？
- 哪些选择能带来最佳结果？
- 可以做些什么来避免这种情况再次发生？
- 你会选择哪些方案？
- 在这些选择中，你认为哪些是最关键的？
- 如果可以重新开始，你会怎么做？
- 除了这些选择，你还能想到其他方案吗？
- 在这件事情上，你认为谁可以为你提供帮助？
- 你认为谁在这方面比较擅长？如果你向他寻求帮助，他可能会给你什么建议？
- 你知道谁更擅长处理这类事情？他们会怎么做呢？

4. 强化意愿（Will）

- 你的第一步行动是什么？计划何时开始？
- 还需要我提供哪些支持与帮助？
- 你按照我们制定的计划去执行的决心是几分？（1~10分打分）
- 若按计划执行，一个月后会带来哪些变化？
- 今天的谈话目标是否达成？
- 今天的谈话对你来说最大的收获是什么？
- 此次收获将如何支持你未来的工作与生活？
- 刚才谈话中，我感受到你**（具体价值观词汇），期待你的好消息
- 你将选择哪个方案付诸实施？
- 你的行动计划是怎样的？
- 计划何时执行？（24小时内、一周内、一个月内）
- 该行动将如何服务于您的目标？
- 在实施过程中，你可能会遇到哪些困难？你打算如何应对？
- 我如何了解你的进度？还有谁需要知晓？

- 你需要哪些支持？你计划何时、如何获取这些支持？
- 你还有其他考虑吗？

4.2 一对一辅导案例

本章聚焦于教练式管理的实战应用，深入探讨管理者与下属一对一辅导的场景。GROW对话流程在教练式管理中的应用极为广泛，涵盖年初目标设定、执行计划策划、员工绩效提升、职业发展规划、项目管理与问题解决、任务布置、年底绩效面谈及反馈等多个方面，为管理者提供了清晰的行动指南。

结合当前宏观经济形势、新生代员工管理特点以及不同行业和岗位的属性，精心编写了五大实战案例。这些案例部分源自作者的真实经历，部分基于客户服务过程中的真实情境并进行了虚拟化处理，既符合保密性原则，又具有广泛的普适性和可借鉴性，能够为读者提供宝贵的参考。

案例结构如下。

背景介绍。简要介绍所处行业、员工特点、当前面临的问题以及管理者的视角。

辅导过程。运用GROW对话流程进行辅导，参考前面介绍的GROW对话流程的步骤和关键点。不同案例存在一定差异，关键在于灵活运用。

案例分析。通过分析案例，帮助读者理解案例的难点与特点，以及管理者在案例中的思考过程，从而深入理解案例。

工具和模型介绍。简单介绍案例中运用的工具或参考的经典模型，帮助读者理解GROW模型与工具的结合应用，以及背后的理论依据，以便在未来实际运用中作为参考。

觉察时刻。通过阅读案例并结合自身实际管理经验，帮助读者深化学习与反思，以便在真实管理场景中更好地应用。

表4-1是五个一对一辅导案例的详细说明。

表 4-1 一对一辅导案例的详细说明

行业	管理者	员工	部门/岗位	问题/场景	工具/理论模型
银行	孟宇	赵磊	业务部对公客户经理	失去动力，"躺平"状态/激发动力	逻辑层次
互联网	严旭	王帅	技术部工程师	晋升失败，提出离职/职业发展辅导	职业发展TOP模型
新能源汽车	李婷	张峰	市场营销部市场专员	面对挑战性任务害怕失败/布置任务	情境领导矩阵图/P=P-I
软件集成	张大伟	田鹏	项目管理部项目经理	跨部门合作不畅/解决问题	平衡轮
电商	陈诚	王燕	运营部资深运营经理	绩效评估自我和上级差异较大/绩效面谈	乔哈里视窗

案例一 唤醒沉睡的雄心
——赵磊的重启之旅（激发动力）

1.背景介绍

赵磊，毕业于985高校，凭借卓越的表现进入银行工作，怀揣着对高薪与持续发展的期待，对未来充满憧憬。

赵磊已在银行工作六年有余。前两年，他在总行后台支持部门，负责流程化、规范化的任务，如撰写文档、梳理流程等，但他觉得这些工作未能充分发挥他的优势。

他热爱与人交往的工作，并希望通过努力提升收入水平。四年前，他主动申请转岗至分行公司业务部，目前担任对公客户经理。

转岗后，赵磊充满干劲，积极调动人脉资源拓展客户，收入大幅增长，成就感满满。然而，近两年，赵磊明显感受到经济环境的低迷，新客户拓展愈发困难，客户需求也日益严苛，难以满足。尽管一年到头忙忙碌碌，收入却毫无增长，陷入停滞。由于业绩平平，晋升无望，赵磊感到极度挫败。

今年年初，领导为他设定了极具挑战性的高难度目标，他觉得难以完成，于是选择"躺平"。他觉得不如多花时间与朋友相聚，回家玩游戏、看视频，放松身心。

孟宇是赵磊的直属上级，赵磊转岗至分行后便加入了孟宇的团队。孟宇在银行工作十余年，曾在总行多个部门任职，八年前调至分行从事业务工作。

孟宇经历过业务的快速发展期，也深知近年来业务发展的艰难，深知这对每个人都是巨大的挑战。多年的历练使他更倾向于积极应对内外部挑战，将逆境视为考验个人的机会。

近期，孟宇注意到赵磊情绪低落，失去了往日的斗志。他深知赵磊自尊心强、性格外向，易受外部环境影响。凭借多年管理经验，孟宇判断赵磊目前处于低意愿、中能力状态。随着市场环境和客户需求的变化，赵磊需要发展新能力以应对挑战。

经过对赵磊现状的深入分析，孟宇约定了时间，并提前预订了会议室，与赵磊进行沟通。

2. 辅导过程

1）聚焦目标（Goal）

谈话切入

孟宇：赵磊，我们有一段时间没单独沟通了。最近进展怎么样？（此问题旨在询问状态，避免提及近期观察，以防激发赵磊的防御心理。）

赵磊：一般吧，现在经济环境不好，客户越来越难打交道，感觉使不上劲。（赵磊没精打采，耷拉着脑袋。）

澄清需求

孟宇：确实，这几年市场变化迅速，我知道你承受了很大压力。（同理心聆听）我记得你刚转岗时充满干劲，当时为什么选择做业务呢？（引导回忆初心）

赵磊：我喜欢与人交往，做业务能发挥我的优势，收入和发展空间也更大。（情绪略有振作。）

孟宇：没错！你这四年积累的专业能力和客户资源都是宝贵的资产。（肯定成长与价值）假如你扛住压力，三年后你会是什么样子呢？（引导职业愿景）

赵磊：（仿佛被击中，目光投向远方，愣了一会儿，缓缓说道）我想应该已经晋升了，有了几家长期稳定合作的大客户，能力大幅提升，收入显著增长，住进了自己的小窝。（赵磊开心地笑了，能量有所提升。）

孟宇：听起来不错！三年后的你回首现在，希望成为怎样的客户经理呢？（引导关联身份）

赵磊：应该是顾问型客户经理，能深入洞察客户需求，为客户提供解决方案，而不仅仅是推销产品。客户非常信任我，收入也稳步增长……（赵磊眼神明亮起来。）

孟宇：这样的你，会为客户和个人带来什么价值呢？（看到价值和意义）

赵磊：助力客户取得成功，同时实现自我成长，这便是长期竞争力所在！（语气坚定）

孟宇：是什么让你成为了这样的客户经理？（挖掘价值观）

赵磊：**成就驱动吧**，还是希望把这份工作做好，为客户**创造价值**，同时实现自己的价值。

孟宇：还有吗？

赵磊：我希望不断**成长**，跟随时代、行业、客户需求的变化提升自己的专业能力，提升自己的**适应力**和**应变力**。（价值观和潜在能力）

孟宇：成为这样的客户经理，发挥了你哪些优势呢？（挖掘优势，增强信心）

赵磊：我的学习能力、人际交往能力以及资源整合能力，这些都是我的优势。（连接内在资源，能量明显回升）

孟宇：听起来不错呀！假如三年之后的你对现在的自己说一些话，会说些什么呢？（继续赋能）

赵磊：其实，一切困难都是暂时的，是可以克服的，需要振作起来。（音量提升，动力回升）

孟宇：我注意到你现在的语气与刚才有所不同，你察觉到了吗？（创建觉察）

赵磊：之前有些过于悲观，将注意力过多放在了外界环境上。（能量回升）

孟宇：听你这么说，我很高兴。根据这几年对你的了解，你骨子里是很要强且上进的，只是暂时遇到了困难。（鼓励、同理）

赵磊：（眼眶微红）

关注和确认目标

孟宇：接下来需要我如何支持你呢？

赵磊：目前对我来说，最大的压力在于客户开发方面。我想看看怎么做好老客户维系，还有新客户开发，找到一些新的思路。客户开发这方面做好了，客户类指标任务完成就没有问题，与客户相关的资产、负债业务也就随之而来了，资产类和负债类任务指标也能水到渠成地完成。

孟宇：好的。你想找到维系老客户、开发新客户的一些新思路，是吧？（确认目标）

赵磊：是的。

2）厘清现状（Reality）

明确差距

孟宇：截至3月份，客户留存和新客户拓展的数据情况如何？距离年度目标的差距多大？

赵磊：今年的有效户目标到年底是20户，年初是12户，净增8户；现在共有14户，发展了3家新客户，丢了1家老客户，增减相抵后离目标还有6户差距。

基础户目标到年底是50户，年初是25户，净增25户；现在共有30户，离目标还有20户的差距。高价值客户年度目标是5户，净增2户，目前没有进展，还是之前的3户，净增-1户。

分析原因

孟宇：导致客户流失的主要原因是什么？

赵磊：主要原因是未能深入理解客户的需求，仍然停留在之前的产品思维模式，未能为客户提供有效的解决方案。另外一个原因是把精力过多放到了新客户开发上，对老客户的维护和深度开发不够。

孟宇：你的这一认识很好。目前客户需求发生了哪些变化？（环境层面）

赵磊：现在大的经济形势不好，客户的经营压力普遍变大。他们的金融需求越来越精细化、多样化和综合化，不仅希望金融服务能够提供短期财务支持、提升公司短期经营绩效，还希望助力公司夯实中长期发展的财务基础。

识别干扰

孟宇：你认为目前主要的挑战是什么？

赵磊：最大的挑战是不知道如何应对客户需求的变化，从"推销产品"转变为"顾问式提供解决方案"；另外也不知道如何平衡工作重心，既要维护老客户，又要发展新客户，有点顾此失彼的感觉。（能量降低）

调动资源

孟宇：针对这种情况，你尝试了哪些方法？（行为层面）

赵磊：我曾让后台同事协助提供产品解决方案，但最终仍未能满足客户需求，导致丢失了老客户。

孟宇：如果对标顾问型客户经理，你目前最需要提升哪些能力？（关注能力）

赵磊：需要提升对行业趋势的分析能力、资源整合能力以及需求诊断能力。

孟宇：你还需要哪些资源支持？

赵磊：我希望能有经验丰富的同事指导我，陪同我拜访客户，让我学习如何诊断客户需求；同时，我也希望能参加公司组织的相关培训，以提升我的需求诊断能力。

孟宇：好的。后续我会为你协调相关资源。

3）创造选择（Options）

创造成功画面，提升能量

孟宇：如果到今年年底目标达成，那时的客户结构和质量会是怎样的状态？（启发想象，赋能愿景）

赵磊：老客户留存率将达到90%，有效户净增10户；基础户净增30户，高价值客户净增3户；客户质量和贡献将大幅提升，从而推动资产类和负债类指标任务超额完成。（赵磊眼中闪着光）

创造选择

孟宇：你是如何做到的呢？

赵磊：我会为老客户提供深度服务，深入分析每家老客户的情况，前期重点维护老客户，更好地满足他们现有需求，同时深度挖掘和发展新需求。毕竟，维护老客户的成本更低，他们对我们行是认可的。

孟宇：还有呢？

赵磊：同时，我会整理几个老客户的成功案例，利用这些案例吸引转介绍，争取老客户推荐新客户，实现老带新。我还会参加行业研讨会、政府部门组织的活动、产业园区的招商会等，通过这些活动批量接触潜在客户，充分发挥我的人际交往能力，拓宽潜在客户池。此外，我将与市场部合作，在视频号、线上平台和线下开展优秀案例分享、产品营销推广以及社区金融服务和反诈宣传活动，吸引更多客户和居民的关注与主动联系。我还会密切关注总行和分行推送的客户信息、业务营销数据和商机信息，主动联系有潜在需求的客户（赵磊思路清晰，眼中闪烁着光芒）

孟宇：还能想到其他做法吗？（继续追问）

赵磊：（挠头）暂时想不起来了。

孟宇：如果你去请教一位在客户拓展方面特别擅长的同事，你会选谁呢？

赵磊：（笑）当然是您了，您在这方面是公认的专家。

孟宇：哈哈，谢谢。如果是我，我会选择政策鼓励和支持的行业和企业作为主攻方向，同时关注有出海计划的客户，为他们提供贸易融资、结算、并购贷款等一揽子金融服务。此外，我还会与证券公司、律所、会计师事务所、评估机构等金融中介机构建立合作关系，共享客户资源，优势互补，为客户提供增值服务。

赵磊：谢谢领导，我又学到了。

4）强化意愿（Will）

识别潜在障碍

推动行动计划

孟宇：结合刚才讨论的新思路，接下来你打算采取哪些行动？

赵磊：本周我将筛选5家老客户，与他们深入沟通，了解需求；这个月内启动客户转介绍计划，整理成功案例，完成2家新客户的接触；下个季度参加2场行业活动，拓展潜在客户资源池；同时，报名参加公司近期组织的培训，提升我的需求诊断能力。

识别潜在障碍

孟宇：你认为可能会遇到哪些挑战呢？

赵磊：主要挑战是当前市场竞争激烈，其他银行都在加大促销力度，推出优惠政策，我担心老客户会因此流失。

孟宇：遇到这种情况，你打算如何应对呢？

赵磊：我会随时向您汇报情况，如果需要公司提供优惠政策支持，也希望得到您的帮助。

孟宇：好的，没问题。如果真遇到这种情况，我们再共同商讨对策。

孟宇：您打算如何确保行动的持续性？（希望获得承诺）

赵磊：我会在每天下班前花费半小时复盘当日客户沟通情况，并优化策略。如果遇到问题，我会及时与您沟通。（赵磊充满动力）

孟宇：好的。咱们随时保持沟通。

确认目标达成，总结谈话价值

孟宇：你认为今天的谈话对你有何帮助？

赵磊：最重要的在于帮我找回了动力，将关注点聚焦于解决问题，而非纠结于无法改变的事情上。

管理者赋能，结束对话

孟宇：你是一位非常优秀且富有上进心的年轻人，我相信通过持续努力和能力提升，你一定能取得优异的业绩。如有需要，随时与我沟通！

赵磊：感谢领导的信任与鼓励，我会努力的！

3.案例分析

在本案例中，管理者与下属共事四年，对下属的内在驱动力、优秀品质及要强性格有着深入了解。当下属因内外部环境影响而失去动力时，管理者通过鼓励、认可和同理心安抚下属情绪，调动其积极性，建立信任关系。

结合能力与意愿矩阵，管理者针对下属当前低意愿、中能力的状态，提供个性化指导，帮助其发展新能力以匹配客户需求。

处于这个阶段的下属需要重点关注，管理者应加强一对一沟通，除了教练式管理之外，还要给下属提供培训资源、老带新、资源上做些倾斜等，及时庆祝和表扬，帮助提升能力和信心。

通过GROW对话流程结合逻辑层次（见表4-2），管理者激发下属内在动力，促使其找到解决问题的方法。

表 4-2　GROW和逻辑层次对应表

GROW	逻辑层次	提问示例
Goal（聚焦目标）	愿景/身份/价值观	三年后你会是什么样子呢 当年为何转做业务 你会成为一个什么样的客户经理 为客户和你带来什么价值 你看重的是什么 你在发挥哪些优势
Reality（厘清现状）	能力/行为/环境	主要差距有哪些 你需要具备什么能力 你需要哪些资源
Options（创造选择）	能力/行为/策略	你是如何做到的 你有哪些思路 谁有可能会帮到你
Will（强化意愿）	行为/环境/承诺	你会采取哪些行动 遇到挑战，如何应对 如何确保持续行动

4. 工具和模型介绍——逻辑层次

1）逻辑层次介绍和解读

逻辑层次是教练式管理中常用的工具之一，由神经语言学（NLP）专家罗伯特·迪尔茨基于格里高利·贝特森的学习和改变的逻辑层次改编而来。它体现人们内在的思维系统，六个层次相互关联，高层次的改变会向下辐射，影响低层次；低层次的改变可能但不一定影响高层次。逻辑层次分为上三层（愿景、身份、价值观）和下三层（能力、行为、环境），上三层偏重人和关系，下三层偏重事。（见图4-3）

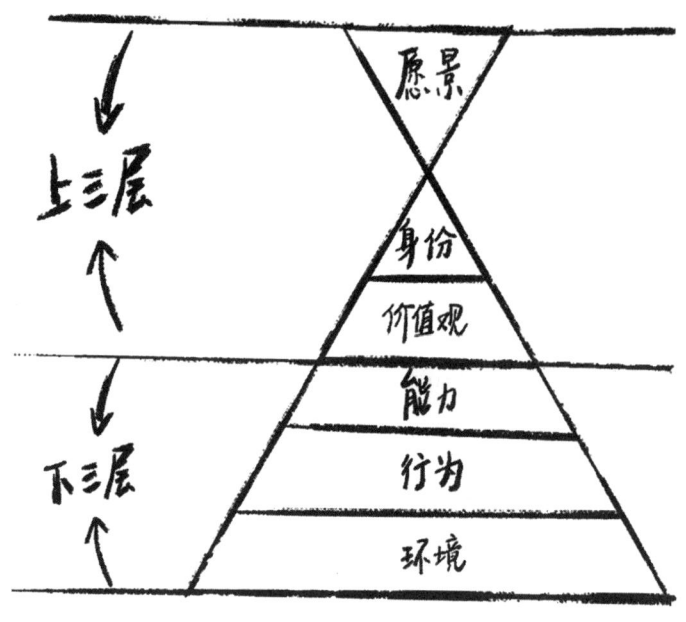

图4-3　逻辑层次

愿景：涉及个人所属更大系统的认知及目标实现后的成功画面。与之相关的问题是："为了谁""除了自己，还有谁？"（who else）

身份：涉及个人角色和使命的定位。回答的是"我是谁""我是个什么样的人"的问题。身份层次涉及角色和使命，角色和使命与愿景以及所属的更大系统相关。（who）

价值观（信念）：涉及动机和动力，支撑身份并为策略和能力提供指导，

包括信念系统和优势资源等。(why)

能力:涉及需要具备的发展能力、技能,以及采取的策略和计划。(how)

行为:涉及具体的行为和行动步骤。(what)

环境:涉及行为和行动发生的外部情境。人们必须考虑在何时,何地发生才能完成。(when,where)比如办公环境,设备,场所,资源等。

2)主要应用场景

个人:一对一教练对话、个人VMV(愿景/使命/价值观)梳理。

团队:VMV(愿景/使命/价值观)工作坊。

组织:愿景/战略共创会。

3)逻辑层次的价值

运用逻辑层次可以帮助个人、团队和组织:

· 建立全局观:看清整个系统及各层次间的相互关系。

· 达成一致性:从上到下保持一致性,彼此互相支持。

· 实现内外统一:内在动力、价值观与外在能力、行为达成统一。

5.觉察时刻

在你实际管理场景中是否遇到过类似情况?你是如何沟通的?这个案例带来了哪些启发?

在员工面临环境变化和能力转型时会遇到哪些挑战?如何帮助员工顺利过渡?

案例二　把岔路走成通途
——王帅的职业再选择(职业发展辅导)

1.背景介绍

王帅大学毕业后加入一家快速发展的互联网公司,8年间从一位生涩的安卓开发新手,成长为商户端重要模块的技术专家,带领7人团队,取得了显著成就。

他的主管严旭很认可他，在新的一年的晋升季来临之时，提名他参加晋升。王帅很珍惜这次晋升的机会，认真准备，还专门请教了一些高级别的同事获取反馈。出乎意料的是，他的晋升未通过。

王帅想到自己31岁了，若不能晋升承担更多职责，35岁时就很难再上一个台阶了。互联网行业的"35岁魔咒"，让他感到十分焦虑。

恰好这时有个猎头找到他，有一家不错的互联网公司在招聘一个B端的技术专家，尽管只带3个人的小组，有点小遗憾，但专业职级比目前的职级高一级。反正他现在也想不清楚未来是走技术路线还是管理路线，先试一试。于是他去面试了，也成功拿到了offer，随后向严旭提出了离职。

严旭猜到晋升失败会对王帅造成打击，第一时间给予他鼓励，并与他一起复盘这次晋升中的正反两方面反馈，总结成长收获，并探讨后续如何在工作中发挥和成长。当时谈话时，王帅状态尚可，严旭也期待王帅能借助这次失败的"礼物"，提升综合能力，后续给他增加一些职责，把一个相关性高的小组调整到他的团队中。现在王帅提出了离职，让严旭有些意外，他约了王帅，打算好好聊聊。

2. 辅导过程

1）聚焦目标（Goal）

谈话切入

严旭：王帅，我收到你想离职的消息，心情很复杂，有些意外，也很舍不得你离开。意外是因为晋升结果出来我们深聊了一次，当时你状态还不错；舍不得是因为你是我们团队非常重要的一员，还期待今年一起做出更精彩的工作成果呢。今天约你，就是想听听你的想法，同时我也会提供一些建议供你参考。（直接表达内心的感受，并讲明原因，坦诚布公，表达相信与认可，避免偏离核心主题）

王帅：谢谢严旭。我也是左思右想、鼓起勇气才和你提离职这件事的。我很感谢你在晋升结果出来的时候给我的鼓励，并和我一起复盘，收获挺多的。（被严旭的坦诚感动，但心里还是有些纠结，没有直接说出原因）

澄清想法

严旭：跟我客气啥呢，给你提名参加晋升，也是因为我很认可你的能力水平和工作成果，晋升不成功，也不意味着那份认可就降低了。不过，晋升失败确实也让人心情不好（同理心倾听）。你提离职，是因为这个原因呢，还是有其他的考虑？（提出猜测，共同探讨）

王帅：嗯，这是一个触发点。刚好有个外部机会，我去聊了聊，拿到offer之后我就想换一个环境尝试些新挑战也挺好的。

严旭：我挺认同你这股主动探索和挑战的劲头。（肯定与拉进距离）你看这样行不行？我毕竟比你多工作几年，对行业和领域有些观察和思考。你可以和我聊聊你期待的挑战是什么，我们探讨一下，我会提供一些视角供你参考。如果从职业发展视角综合考虑，那是一个特别好的机会，我虽然有些遗憾但也会祝福你。（严旭有预判，王帅提离职的过程，应该琢磨过职业发展与规划，直接表明了意图，希望王帅能放下顾虑和防备之心。）

王帅：（没想到严旭这么直接，也觉得这是探讨职业发展的好机会，之前思考过的纠结点或许能从中得到启发）谢谢严旭。晋升失败对我有点小小的打击，确实也让我好好琢磨了我的职业发展。你看，我今年31岁了，再过4年就到"尴尬的35岁"了，所以有这个新机会，我就想去试一试。

关注和确认目标

严旭：哈哈，确实，尴尬的35岁，明年我就35岁了，刚巧我之前也琢磨过这个主题，待会我们可以聊聊。我先确认一下，接下来我们主要聊的话题，就是你的"未来5年的职业发展可能是怎样的？"，对吧？（同理心倾听与目标确认）

王帅：是的是的，这个还挺让我焦虑的。（挠了挠头）

严旭：确实挺重要的话题，无论是在现在岗位，还是未来去其他公司其他岗位，这都是一个必答题，如果想得足够清晰，就能以终为始，明确我们现阶段该如何选择和安排。我们聊的过程中，我也会提出一些想法供你参考。估计我们的交流，也会给我带来新的启发。（降低谈话的紧张度，增加亲和力）

王帅：好的。

2）厘清现状（Reality）

明确差距

严旭：你可以先分享一下你现在对职业规划的思考吗？

王帅：没带团队之前，我的目标很明确，就是成为一名顶尖的B端技术专家。但自从带团队后，我开始思考是否有机会向管理岗位发展。在互联网行业，35岁后若没带过更大团队，职业发展似乎会受限。所以我在考虑，是否该在职级上有所突破，争取往上走一走。

严旭：听上去你有意向往管理岗位发展，是这样吗？

王帅：是的，但我也不想让自己的专业水平停滞不前。

严旭：我试着这样描述一下，看看是否符合你的想法："我想成为一位技术水平持续提升的成熟管理者。"

王帅：（若有所思，轻轻念道）"我想成为一位技术水平持续提升的成熟管理者。"是的，正是这样。

严旭：很好，我们来深入探讨一下。假设4年后你达到了特别满意的状态，那会是一种怎样的状态呢？

王帅：（想了想）我希望到那时，我已摆脱35岁的焦虑，带领着一个三十多人的团队，作为核心管理者之一，我能够在技术上为团队提供清晰的指引和专业的指导。

严旭：这个目标很清晰。那么，你觉得要实现这个状态，最欠缺的是什么呢？

王帅：（有些不好意思）目前欠缺的主要是团队规模还不够大，管理水平也不够成熟。

严旭：还有其他方面吗？

王帅：还有就是，现在投入到技术学习和进步的时间似乎有些不足。

分析原因

严旭：听上去主要是这三个方面的差距：一是团队规模；二是管理成熟度；三是技术学习和进步的时间精力投入。我们先来分析一下，你觉得这三者之间是什么关系呢？

王帅：（想了一会儿）团队规模是一个结果，当承担更大职责后，团队规模可能会自然扩大。要带领更大的团队，管理成熟度就需要提升。毕竟带的是技术团队，技术专业能力也需要持续精进。

严旭：我赞同你的看法。所以，要朝着我们期望的职业发展方向前进，关键在于不断提升专业能力，同时让管理能力更加成熟。

王帅：没错，团队规模是结果。

识别干扰

严旭：要迈向4年后理想的职业状态，你认为目前面临的主要挑战是什么？

王帅：最大的挑战是我的管理水平还不足以带领更大规模的团队，专业学习上投入的时间和精力也不够。还有就是这次晋升失败，职级没有提升。

严旭：谢谢你这么坦诚地和我分享你的想法。假设这些都做到了，是不是就能实现你理想的职业状态了？

王帅：（停了一会儿）也不完全是，还得看组织里是否有适合带领更大团队的岗位出现。

严旭：是的。那么，基于我们公司过往的情况，这些机会通常会在什么情况下出现呢？

王帅：嗯，一种是业务发展过程中新增岗位角色，另一种是员工达到相应段位后跳至对应岗位角色。

严旭：哈哈，观察得很细致。第一个是公司的整体情况，这确实很难改变；第二种是我们自己可以充分影响的。这让我想起了《孙子兵法》中的一句话："不可胜在己，可胜在敌。"只有自身做好准备，才能抓住机会。当然，作为团队主管，我也会主动为下属创造机会。

王帅：（受到启发）是啊。如果我多花时间提升自己的管理水平和技术水平，应该就能做好充分准备。

调动资源

严旭：非常好，我完全认同。回顾过去几年，你成长得非常快。回想一下，你觉得在什么情况下你的成长速度最快呢？（通过回顾过往的成功时刻，

体会主观能动性的重要性和价值，找回更多能量）

王帅：（想了一会儿）我想起最有成长的两个情况。一个是工作前两年，我开始负责商家评级系统，当时挑战特别大，但通过向公司内的专家请教，学习行业技术文档，并在主管的指导下，最终成功完成了任务。另一个是我刚开始带团队时，手忙脚乱，总觉得团队同学做不如自己亲手做，还闹了不少矛盾。后来参加了学院的"领导梯队"培训，才发现自己陷入了从专家到一线经理转型过程中的常见问题。通过刻意学习和练习，我顺利完成了角色转变。（通过回忆特别的成长时刻，看到了自己的优势，学习能力强，也很喜欢挑战以及钻研新技术。清晰明确了自己的才干优势与热情所在。）

严旭：哈哈，谢谢你的分享，这让我也想起了自己刚带团队时的狼狈。你有没有发现，这些特别的成长时刻，都是因为你遇到了问题和挑战，并找到了合适的方法和路径。这些方法和路径是什么呢？

王帅：（醒悟过来）我需要花更多时间去请教身边的高手和行业专家，主动参加一些培训。

严旭：还有其他方面吗？

王帅：还要在重要的挑战中不断磨炼自己。

严旭：没错，要在学习中领悟，在实践中锻炼。对了，你看看现在你花在主动学习和请教他人的时间大概有多少？

王帅：（有些不好意思）现在几乎都陷在琐碎的事情里，没怎么花时间去学习成长。前段时间你推荐的"非职权影响力"培训课，因为太忙我没去参加。

严旭：这是一个很好的发现。对于特别重要的事情，我们应该在时间安排中固定留出时间。我可以分享一下我的方法供你参考。我每周会在日程中留出两小时，专门思考"大问题"。比如今年我的OKR中很重要的一项是"探索和实践至少一项通过技术方法提升**%的某经营指标"，所以我这两小时会用来专门关注这个主题的进展、该领域的一些行业最佳实践，或者约人聊聊这个话题，然后做总结和思考。

王帅：这个方法很好，我也要学学。

3）创造选择（Options）

创造成功画面，提升能量

严旭：你肯定可以做到。记得前段时间你参考GitHub的开源项目高并发实现方案，帮我们解决了一个难题。聊到这儿，我们再看看4年后的职业发展情况。假设你现在不在我们公司，而是在A公司，工作了8年，带一个7人的团队，负责B端的重要模块。现在你有两个offer，一个是我们公司这个，巧的是，这个公司的主管你认识，而且你们之间有比较深的信任，工作内容和你在A公司的类似；另一个是你拿到的另个offer。你会怎么选择？不着急回答，可以好好想一想。

王帅：（从来没从这个角度想过，他思考了好一会儿）这确实挺难的，感觉各有利弊。

严旭：一般你在选择工作机会时，会考虑哪些要素呢？

王帅：嗯，薪资、岗位职级、工作内容、岗位重要性、团队氛围。

严旭：还有其他方面吗？

王帅：还有公司的行业地位和发展前景也很重要。

严旭：是的。这些因素中，每个人的排序都不太一样，没有对错之分，只要适合自己就好。你会怎么判断呢？

王帅：我可能会把它们列出来，逐一打分。

严旭：哈哈，这个方法很好，也很"技术"。我有个方法供你参考——在打分之后，再总体感受一下，我们做这个选择是基于"恐惧"更多，还是基于"喜欢"更多。具体来说，当一个新机会出现时，如果它有很多吸引我的地方，并且与我未来几年的职业发展目标非常契合，哪怕遇到特殊情况比如降薪，我仍然愿意去，那就是"喜欢"；如果是因为当前工作有不舒心的地方，想换一换环境，那可能更多是基于"恐惧"。这份恐惧暂时被搁置，可能在新的环境下，不舒心的地方会换一种方式出现，该做的功课一个也没落下。

王帅：这个视角很好，我之前没想过。

严旭：哈哈。这也是另一位管理者分享给我的，我用过几次，觉得很有帮助。那么，如果从"喜欢"还是"恐惧"出发，结合你的打分，再做选择，你会怎么选呢？

王帅：（停顿片刻）现在的岗位确实让我离我4年后的职业发展梦想更近一些。（他问回自己内心，确实接受现在这个offer更多是出于"恐惧"。考虑到去新的岗位，团队更小，负责的模块和内容并没有增加，还要花时间建立和新主管的信任，估计也比较费时。现在的岗位，尽管没能晋升成功，但未来有机会以现在的职级去增加工作范畴，或者承担一些重要项目的Future Team Owner。）

严旭：（看到王帅有转变，心里很高兴，但也希望把这种转变转化为具体的行动）听到这个我很开心，我想和你探讨一下那个不太好讨论的"35岁魔咒"。（直接表达感受，也直接切入这个看似难以启齿的话题，这正是团队有较强相互信任和安全感的体现。）

创造选择

严旭：假设你创办并经营一家公司，有个35岁的员工，他没有明显犯错，工作结果交付也还尚可，你会在什么情况下开除他呢？

王帅：嗯，可能觉得组织成本比较高，他做的事我招个资历浅一些的新员工也能完成。

严旭：很有洞察力，也谢谢你的坦诚。我也觉得是这个原因。换位思考时，我们会有新发现。那么，什么样的情况下，你会用心挽留一个35岁的员工呢？

王帅：嗯，如果他负责的事情所创造的价值非常重要，难以通过资历浅的人取代。

严旭：是的。有些人工作了10年，只是累积了工作经历和薪资，形成了固化思维。在公司没有降本增效压力时还好，一旦有压力，这些人就可能面临"35岁魔咒"。而有些人工作了10年，也在持续成长，成长速度甚至超过业务发展。他们积累了10年的宝贵经验和能力，处于持续学习成长状态，能够打破固定思维，以终为始。这样的人是会被珍惜和重用的。（教练式管理不仅需要提问，也需要结合咨询顾问、辅导和分享的角色，帮助团队打开视野。）

王帅：（有些激动）太好了，这解答了我很大的疑惑，也让我对"终身成长"这个概念有了更深的理解。

严旭：回到我们现在的角色，为了实现4年后的职业发展目标，你认为可以做些什么呢？

王帅：嗯，我还是要专门留出时间，去学习新技术，攻克重大难题，保持终身成长的状态。

严旭：很好，还有其他想法吗？

王帅：我还要主动向你和HR争取一些培训机会，多学习一些关于团队管理的知识和技能。

严旭：哈哈，我会全力支持你。关于"团队管理"这个主题，有很多经典书单。从经典中学习，然后在实践中练习、总结复盘、内化于心，这是一种很好的成长方式。回头我给你推荐一些经典书单。还有其他想法吗？

王帅：谢谢，我发现多和你交流确实很有帮助。

严旭：谢谢你的认可。其实，公司里有很多优秀的同事在你的领域里也有很多值得学习和请教的地方。你可以带着疑问和好奇去请教他们。如果需要我介绍，随时告诉我。

王帅：太感谢了！

4）强化意愿（Will）

推动行动计划

严旭：我确认一下，综合来看，你觉得现在的岗位还是很值得你充分施展才华的，对吧？

王帅：是的，谢谢严旭，我要在这个岗位上好好磨炼一下。

严旭：王帅，你能留下来我很开心。后续我们也会一起看看在哪些模块可以给你增加一些职责，一起朝着你4年后的理想职业状态努力。

王帅：（被严旭的主动支持感动）谢谢严旭！

严旭：也要谢谢你。除了这个，围绕刚才聊的4年后的理想职业状态，接下来你打算采取哪些行动呢？

王帅：我会向你学习，每周固定两小时用于学习、思考和探索我的重大技术课题，到时候少不了向你请教。我也会主动参加一些管理和领导力的培训，并主动约一些专家请教。

严旭：很好。我建议你把这些内容具体细化一下，比如理想职业状态的管理水平、技术水平等具体描述，行动计划的具体内容和时间节奏，然后我再和你一起看看，给你把关。如果有些内容需要我的支持，我会支持你。

王帅：谢谢！

识别潜在障碍

严旭：你认为在采取这些行动的过程中，可能会遇到哪些挑战呢？

王帅：嗯，可能会遇到一些问题无解，或者学习的知识和能力用不上。

严旭：如果遇到这种情况，你打算怎么解决？

王帅：我会找你寻求帮助和指导。

严旭：好的，我很乐意帮忙！你打算什么时候完成你的具体规划和行动呢？（把想法落实为行动）

王帅：我思考和整理一下，下周二找你进一步沟通。

严旭：好的，中间有任何疑惑，我们随时沟通。

确认目标达成，总结谈话价值

严旭：你现在感觉怎么样？

王帅：挺好的，困惑少了很多，也没那么纠结了。

管理者赋能，结束对话

严旭：你是我们团队的主力干将，我衷心期待你在专业和管理方面不断提升，助力我们整个团队创造更大的价值！

王帅：谢谢严旭，今后遇到问题，再向您寻求指导和帮助。

严旭：好的好的，随时找我。

3.案例分析

该案例对管理者的挑战并非在于对话技巧，而在于能否放下"挽留员工"的强烈意图，从员工职业发展的角度出发，真诚地探索和探讨，帮助员工发现盲点，拓展可能性。以此为出发点，再运用教练式对话的GROW模型，便能带来更多的启发。

在此次情景对话中，真诚直接地表达感受，能够拉近彼此的距离，摒弃"留下还是离开"的辩论假设，回归职业发展的初衷。通过运用内化的职业发展 TOP 模型去提问，让员工清晰地认识到理想的职业发展方向、组织提供的机会、自身优势技能和内心的热爱所在，三者相结合，才可能实现理想的职业状态。

此外，对于职业发展中的类似"35岁魔咒"的职场术语，人们通常不会深入思考背后的成因。在对话中，主管通过换位思考，提醒跳出固有视角，运用 SOS（Self 自我 – Others 他人 – Situation 情境）分析法，同时借助教练式管理的倾听与好奇，引导员工深入、全面地思考。

成长型思维贯穿整个对话过程，强调挖掘人的潜能，坚信持续学习和成长的力量。以目标为导向，"心上学，事上练"，注重理论与实践相结合。

我们期望成为的样子，就体现在我们每天的时间安排与行动中。

辅导下属做职业规划的关键要素

1. 明确发展目标

根据员工个人意愿及组织需求，沟通阶段性目标，分为短期（1年内）、中期（1~3年）、长期目标（3~5年）。

2. 确定关键能力

为实现阶段性发展目标，确定需要重点发展的关键能力，包括领导力、通用力和专业力等。

3. 探讨发展路径

结合阶段性目标和关键能力，共同探讨发展路径，包括在现有岗位发展或转岗轮岗等。

4. 提供资源支持

为员工提供个人和组织资源。

4. 工具和模型介绍——职业发展 TOP 模型（见图 4-4）

Talent（才干/优势）：了解员工最擅长什么？有哪些优势？

Passion（激情/热爱）：员工喜欢做什么？对什么事情有热情？

Organization need（组织需求）：组织有哪些需求？有哪些机会可以提供给员工？员工能创造什么价值？

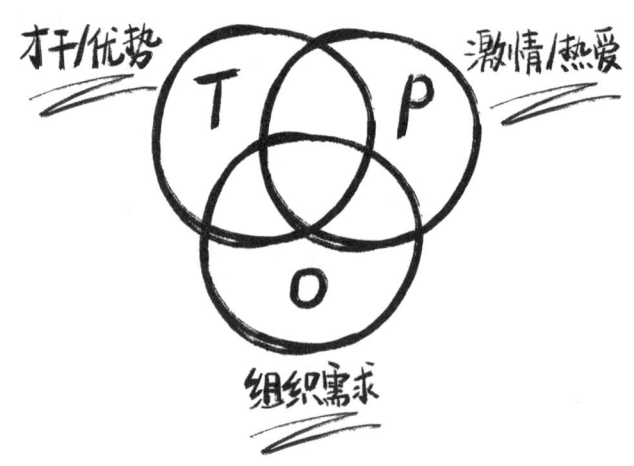

图 4-4　职业发展TOP模型

5.觉察时刻

在员工职业发展规划中，管理者最主要的贡献是什么？

当员工职业发展与当前工作存在巨大差异时，你会如何处理？

如何结合团队整体目标，为员工职业发展创造实践机会，以实现团队绩效提升和员工快速成长？

案例三　让谨慎者绽放
——张峰的挑战跃迁

1.背景介绍

张峰是某新能源汽车公司的市场专员，从业五年，以谨慎、勤奋著称。凭借扎实的行业经验和细致的工作风格，他在现有岗位上稳扎稳打，深受同事信任。

今年，公司推出了一款面向年轻群体的智能电动车型，部门计划通过一系列创新市场活动来提升销量。张峰的上级李婷决定让他独立负责一场大型线下体验活动，要求活动形式新颖，吸引年轻用户参与，并保证转化率。

张峰接到任务后，感到压力巨大。他缺乏独立操盘大型活动的经验，担心创新失败会影响晋升机会。今年是晋升的关键年，他更倾向于执行稳妥的常规方案。

经过两年多的相处，上级李婷相信张峰有能力承担这项任务。他做事稳重，踏实靠谱，非常有责任心。她知道这项任务对张峰来说具有挑战性，活动需要一定的创新性，她也理解张峰希望获得晋升。她希望通过这个任务来锻炼张峰突破舒适区，发展创新性思考的能力，在新能源汽车公司，很多任务和事情都是创新性的，如果他能有所突破，对于他的晋升以及在公司的持续发展将非常有帮助。

但她也察觉到了张峰的畏难情绪，决定通过教练式管理帮助他突破心理障碍，激发潜力。于是，她决定约张峰进行一次沟通。她知道张峰特别喜欢到楼下咖啡馆办公，所以特意约了张峰在咖啡馆沟通。这里既安静，咖啡馆的背景音乐又让人感觉很放松。她早一点到，找了一个靠近角落的卡座，点好咖啡，等待张峰的到来。这时，她看到张峰如约而至，起身招呼他，开始了这次教练式管理的谈话。

2. 辅导过程

1）聚焦目标（Goal）

谈话切入

李婷：（拿起咖啡，喝了一口）我已经很久没来咖啡馆了，上次来还是几个月前。（营造轻松的氛围）

张峰：是啊，不过我基本天天来这。每天早上我都会来这喝杯咖啡，写写文案，在这会有很多灵感冒出来，是我的"能量加油站"。

李婷：嗯，我知道你喜欢来这，所以今天也特意选了在咖啡馆跟你沟通，还点了你最爱的榛果拿铁。

张峰：（开心地笑了）谢谢领导这么有心。

李婷：今天想跟你聊聊这次市场活动的事，这次活动任务交给你，是因为我看到了你的潜力。最近对活动规划有什么初步想法吗？（认可能力，降低压力）

张峰：（低头）说实话，我有点担心。创新风险太大，如果效果不好，可能会影响整体业绩……（害怕失败，能量较低）

澄清需求

李婷：我理解你的顾虑。（同理）你主要担心的是什么呢？

张峰：这个项目对创新性要求比较高，之前我没做过。（缺乏过往经验）而且创新方面是我的薄弱环节，我更擅长传统的做法。（缺乏优势）当然，最重要的是担心一旦做不好，会影响年度业绩。（主要障碍）

李婷：你担心万一业绩不好，也会影响你今年的晋升，是吗？（探询需求）

张峰：嗯，今年对我来说比较关键，您也知道，我在公司工作已经5年了，之前只晋升过一次。根据咱们晋升的要求，在这个岗位上做满3年，就有机会晋升到下一个职级，今年我想稳妥一些。（基于信任，表达顾虑和需求）

李婷：我知道你的很大一部分顾虑是因为这个，也感谢你的坦诚和直接。过往几年你一直非常努力、踏实，每次交给你的任务都能完成得很好。在跨部门沟通合作方面也做得不错，我收到过几次其他团队同事对你的正面反馈。（鼓励认可）

张峰：（不好意思地笑了）

李婷：我知道今年对你来说的确很关键，你希望能够获得晋升。你了解咱们公司的晋升标准吗？

张峰：（脱口而出）优异的战绩，达到下一个职级的能力水平。

李婷：（开玩笑地说）看来你还是做了不少功课的！是的，晋升不仅需要取得良好的业绩，还要达到下一个职级的能力要求，这样才能提高晋升的概率。你觉得你目前的能力水平与下一个职级的主要差距是什么？

张峰：（低头思考）缺少**独立**运作创新性复杂项目的经验，这正是下一个职级的要求。

李婷：嗯，虽然过去你也独立运作了一些市场活动，但相对来说创新性和复杂度还不够；虽然参与了复杂的市场活动，但都是作为参与者，而没有作为项目经理独立操盘过。（说明差距）

张峰：是的。

李婷：假如这次你能独立操盘，顺利完成这次任务，你认为能给你带来哪些成长呢？（关注意义和价值）

张峰：（眼里闪着光）角色上会有一个很大的转变，就像您刚才说的，原来我是一个参与者，侧重于执行；如果能独立操盘，我就是一个设计者，可以提升整体的设计和思考能力；同时也是一个项目负责人，能够提升我统筹和协调的能力；当然还有就是创新性思考的能力，这个目前是我的薄弱能力。

李婷：除了角色转换和能力提升，还会给你带来哪些更深远的价值呢？（关联愿景）

张峰：（思考）因为这款车主打年轻人市场，如果活动能吸引他们参与并转化，不仅能提升销量，还能树立品牌创新形象。对我来说，对公司的长远发展会很有帮助，毕竟咱们是一家以创新为主导的公司。

李婷：说得很好，这也是我把这个任务交给你的主要原因。

张峰：（露出开心的微笑）谢谢领导。

关注和确认目标

李婷：那咱们一起聊聊怎么把这次市场活动顺利完成吧。

张峰：（语气坚定）好！

2）厘清现状（Reality）

明确差距

李婷：目前活动规划的进度如何？

张峰：初步方案还是传统的路演模式，缺乏亮点。公司希望结合科技感，比如VR试驾、社交裂变玩法，但我对这些不熟悉。

分析原因

李婷：你认为这当中的主要原因是什么？

张峰：我想还是跟我个人有关，比较依赖于过往的经验，之前举办的活动以传统的路演方式为主，这方面我比较熟悉，经验丰富；对于创新性的做法和玩法没有涉猎过，心理上有些畏惧和抵触。

识别干扰

李婷：你能意识到这一点很好啊，目前阻碍你行动的核心干扰是什么？

张峰：一是对年轻用户的喜好把握不准，二是缺乏新技术资源支持，三是担心投入成本高但转化率低。

李婷：如果换个视角，这些干扰中有哪些是可以通过行动转化的呢？（将干扰转为机会）

张峰：参考行业分析报告了解年轻用户的喜好，同时做一些针对性的市场调研；比如"缺乏新技术资源支持"可以找技术团队支持。

调动资源

李婷：我记得你之前参与过一些类似的、举办得很成功的市场项目，比如去年的车展，当时吸引了很多年轻人参与，用户反馈很好。当时是怎么做到的呢？（肯定过往成绩，挖掘资源）

张峰：（稍放松）那次主要是提前调研了用户需求，设计了很多当下年轻人喜欢的互动活动，同时现场的布置非常具有科技感，很多年轻人感到新奇。

李婷：这些经验是否可以移植到这次的活动当中呢？（经验能力迁移）

张峰：（突然眼前一亮）是的，完全可以。我怎么把这一点忘了呢！

李婷：如果对标行业内的优秀案例，有哪些经验可以借鉴呢？

张峰：竞品上月做过一场"元宇宙车展"，用户通过虚拟形象试驾并分享到社交平台，效果很好。我们可以联系技术供应商合作，市场部小陈有VR活动经验，可以请他协助。

李婷：还有哪些资源可以借鉴呢？（继续追问）

张峰：可以联动其他部门，比如销售部门，他们对用户更加了解，对于提升转化率或许会有很多新点子。（发挥跨部门合作顺畅的优势）

3）创造选择（Options）

创造成功画面，提升能量

李婷：如果抛开所有限制，你理想中的活动形式是什么？（激发想象力，勾勒成功画面）

张峰：（能量提升）可以结合线下快闪店和线上直播，让用户现场体验自动驾驶功能，生成专属短视频分享，并参与抽奖。同时联动KOL打卡，扩大传播范围。

创造选择

李婷：如何分阶段落地呢？比如前期预热、现场执行、后期转化？

张峰：第一阶段在社交媒体发起话题征集，吸引用户参与设计活动环节；第二阶段线下设置科技互动区，用户完成任务获得试驾积分；第三阶段通过积分兑换购车优惠，促进转化。

李婷：如果参与度不如预期，有哪些备用方案呢？（降低风险）

张峰：我可以先做一些小范围内测活动，收集数据，优化方案；增加限时优惠，或联合周边商圈推出联名福利，吸引人流。

李婷：如何将你的"求稳"特质转化为创新优势呢？（将干扰转化为资源）

张峰：（豁然开朗）我可以凭借谨慎的态度做好前期调研和预案，确保创新不是盲目冒险，而是有准备的突破。

4）强化意愿（Will）

推动行动计划

李婷：结合刚才讨论的新思路，接下来你打算采取哪些行动呢？

张峰：本周完成技术供应商对接；下周组织头脑风暴会，邀请小陈加入；下月启动预热宣传，同步测试活动流程。

识别潜在障碍

李婷：过程中可能会遇到哪些障碍呢？

张峰：主要还是信心不足，一旦进展没有达到预期，会产生自我怀疑或者失去信心。

李婷：哪些行动可以帮助你减少这部分干扰，保持信心呢？

张峰：我想每天记录"3件成功小事"，帮助自己增强自信；达成一些阶段性目标，与合作伙伴一起庆祝，互相鼓励；遇到问题，与大家一起探讨解决办法，借助集体的智慧。

李婷：嗯，这些是很好的做法。团队合作是你的优势，你要学会借助团队的力量。我也会提供两方面的支持：一是协调预算和技术资源，二是每周与你复盘进展，及时调整策略。

张峰：好的。谢谢领导的支持，这样我心里更有底了。

确认目标达成，总结谈话价值

李婷：今天的沟通对你有什么启发呢？

张峰：原来我的保守心态限制了可能性，让我意识到，创新并不等于冒险，我可以发挥我的优势，借助合作伙伴集体的智慧。其实资源就在身边，只要敢尝试，风险也能转化为机会。

管理者赋能，结束对话

李婷：是的，你要相信自己，你有很多优势和资源。创新的背后还是需要扎实的基本功和过往经验，这些你都具备。当你能拓展自己的创新思维和能力，就会获得突破性的成长。加油！

张峰：（满怀信心）好的。

3. 案例分析

在沟通过程中，管理者通过澄清和探询，深入了解了张峰渴望晋升的真实诉求。通过找到个人诉求（晋升）与组织目标（创新）的价值共鸣点，成功激发了他的深层动力。

同时，管理者依据张峰稳健且善于团队协作的特质，巧妙地将这些特质转化为优势，因人施策，助力目标达成。对于"求稳型"员工，引导他将创新任务拆解为"低风险实验+高确定性步骤"，从而有效增强信心。

4. 工具和模型介绍

1）情境领导矩阵图

情境领导模型由保罗·赫塞和肯·布兰查德提出，主要根据员工的意愿和能力将员工分为四种类型：低能力低意愿、低能力高意愿、高能力低意愿、高能力高意愿。（见图4-5）

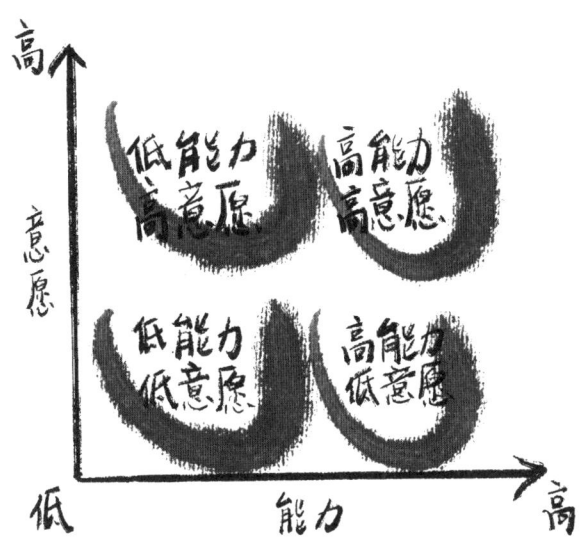

图 4-5　情境领导矩阵图

管理者需根据员工所处的不同情境，灵活采取不同的管理方式，如指导、辅导、教练和授权。情境领导矩阵图应贯穿始终，管理者要有意识地进行甄别和判断，员工处于哪个象限，采取哪种管理方式最为有效，做到**因人而异，因材施教**。（见图4-6）

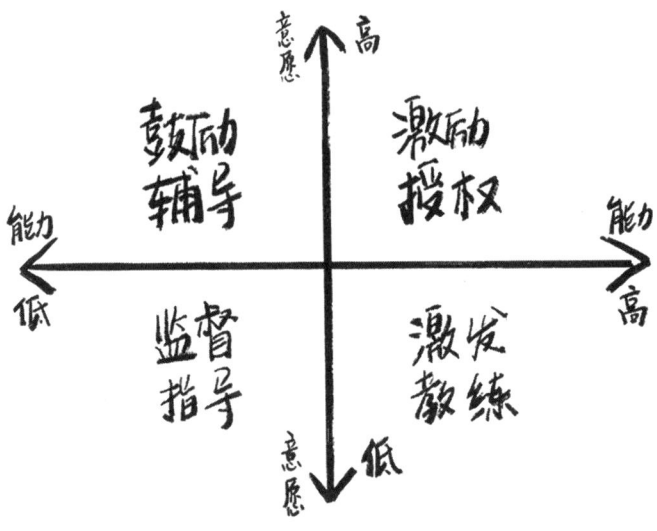

图 4-6　情境领导应用

2）教练博弈方程式：P=P-I

潜能（P）分析

·张峰具备扎实的市场活动组织能力、资源整合能力和执行力。

·过往成功经验证明其能通过调研和调整来化解风险。

干扰（I）拆解

·内在干扰：恐惧失败、自我设限、信心不足。

·外在干扰：新技术门槛高、资源不足。

降低"I"策略

·重构心态：将"求稳"转化为"稳健创新"，利用谨慎特质设计风险预案。

·资源赋能：通过跨部门协作和技术支持，降低外在干扰。

·小步验证：分阶段测试活动效果，用数据替代主观焦虑。

激发潜能（P↑-I↓）

·通过教练对话，张峰意识到干扰可通过行动转化，潜能逐渐释放。

·最终方案既包含创新元素（元宇宙试驾），又通过分阶段执行控制风险，符合其"稳中求进"的个性。

GROW与P=P-I结合表如表4-3所示。

表4-3 GROW与P=P-I结合

GROW阶段	P=P-I应用要点	教练提问示例
Goal（聚焦目标）	识别干扰源，用愿景替代恐惧	你最担心的是什么 抛开这些干扰，如何发挥你的优势
Reality（厘清现状）	将焦虑转化为具体行动	目前阻碍你行动的核心干扰是什么 这些干扰哪些可以通过行动转化
Options（创造选择）	设计降低"I"策略，转化干扰为资源	有哪些备用方案 如何将你的谨慎转化为创新保障
Will（强化意愿）	承诺持续管理干扰，强化行动信心	可能遇到的障碍有哪些 哪些行动能帮助你降低干扰

"真正的教练式管理，不是推人过河，而是让他发现，自己曾蹚过的浅滩，本就是搭建桥梁的材料。"

5.觉察时刻

在你实际的管理场景中，是否遇到过类似的情况？你是如何进行沟通的？

这个案例给你带来了什么启发？员工在面对新挑战时，主要的干扰因素是什么？

如何帮助员工看清"创新"背后的不变因素？创新的本质又是什么？

如何协助员工实现能力的迁移？

案例四　拆掉看不见的墙
——田鹏的项目突围

1.背景介绍

田鹏参加工作已有13年，大学主修计算机，曾从事技术工作，前些年在业务部门工作过，近四年一直在一家系统集成软件公司担任项目经理。今年年初，他接手了一个公司级的重要项目，该项目面向客户交付服务。鉴于项目的重要性，公司为此成立了一个虚拟团队FT（Feature Team），田鹏担任项目负责人。

这个项目涉及的人员比较广，这将要求他进一步发展自己的人员管理能力，通过非职权影响力去影响所有项目组成员。作为项目牵头人，田鹏疲于应对项目中的问题，已深感疲惫。更令他无力的是，团队中有两名跨部门协作同事投入度不足。田鹏感到很苦恼，不仅项目本身有很多挑战，在虚拟团队的管理上更是让他无所适从。

于是，他主动约上级大伟沟通，寻求帮助和支持。

环境：大伟工位

田鹏：大伟，我最近在项目的推进上遇到了一些问题，想找你聊聊。（愁

眉莫展）

大伟：好的！你等我5分钟，我处理完手头的事情。你找一个空闲会议室，我们过去详谈。（处理完手头上的事情，可以更加专注地与田鹏沟通。观察到田鹏的状态，评估这将是一次深入沟通，先让田鹏找会议室，确保充分沟通）

田鹏：好的，我找到会议室后告诉你。

5分钟后，大伟匆忙赶到会议室，紧挨田鹏坐下。尽管他们私交甚笃，经常一起吃饭、踢球，田鹏也是他的得力干将，但大伟在正式沟通场合依然注重细节，如位置选择和坐姿等，以营造安全舒适的沟通氛围。这既是对田鹏的尊重，也是管理者职业化的体现。

2. 辅导过程

1）聚焦目标（Goal）

谈话切入

坐下来之后，大伟亲切地询问。

大伟：说说你遇到了什么问题？

田鹏：项目压力太大，很多事情需要推进，团队里有些成员不太给力，项目可能无法按时完成。（声音低沉，一脸愁容）

大伟：你看起来很**失落**。团队里有成员不太给力，可能会影响项目进度，是这样吗？（同理心聆听）

田鹏：是的，目前有两位成员不尽心，给我带来很大困扰。

大伟：是哪两位成员呢？

田鹏：孙明和张敏。他们负责的任务无法按时交付，每次沟通总是抱怨。真是烦透了。（叹气）就因为他们俩，项目可能错过第一个交付节点。（低头，失望）

大伟：听起来，这对你来说确实是一个很大的挑战。（同理心聆听）

田鹏：（叹气）是啊，我真不知道该怎么向客户交代。

澄清需求

大伟：田鹏，别着急。刚才听你这么说，我觉得你面临三方面压力：一

是项目可能延迟；二是与两位项目组成员沟通不畅；三是不知道如何向客户解释项目延迟，是这样吗？（澄清确认）

田鹏：是的，您说得太对了！

大伟：你期望的结果是什么呢？（明确需求）

田鹏：我当然希望项目能按时交付，团队成员能积极配合。

大伟：如果项目按时交付了，能给你带来什么呢？（看到价值）

田鹏：（停顿，思考）能够获得客户的认可和满意，我个人也能在能力上有所提升。

大伟：你将在哪些能力上有所提升呢？

田鹏：管理大型虚拟团队的能力，独立负责高难度复杂项目的能力。

大伟：如果你具备了这些能力，你会成为一个什么样的**团队领导者**呢？（关联身份）

田鹏：**能凝聚团队**、驾驭复杂项目的项目负责人。（音量有所提升）

关注目标

大伟：今天的谈话，你希望我怎么支持你？（聚焦目标）

田鹏：我想探讨如何获得这两位成员的支持和配合，因为他们俩目前拖了后腿。项目无法按时交付，会影响客户对我们的信任。

大伟：嗯，这的确非常关键。这个项目公司非常重视，客户也是我们合作多年的大客户。

田鹏：是的。

确认目标

大伟：那么，今天谈话结束时，你希望达成什么结果？

田鹏：我希望能让孙明和张敏在项目中更加投入，以确保项目按时交付。

大伟：这个结果并非谈话结束时能够直接实现的，我们再聚焦一下，这次谈话结束时你希望带走什么？（澄清**最终结果和谈话目标**的关系）

田鹏：（想了想）可以找到2~3条切实可行的方法来调动他们的积极性。

大伟：找到2~3条切实可行的方法来调动他们更加投入，是吗？（确认目标）

田鹏：是的，就是这样。

2）厘清现状（Reality）

明确差距

大伟：我们先来分析一下他们两人目前的情况，跟其他成员相比，差距具体体现在哪些方面？（具象化评估，强化对比）

田鹏：他们很少参与会议，甚至有两次重要的项目沟通会因与其他会议冲突而未参加；遇到问题总是抱怨他人，而不反思自身问题；任务经常拖延，缺乏责任心。

大伟：如果对他们的工作投入度进行评分，1到10分，你会打几分？（具象化评估）

田鹏：大概3分吧。

大伟：你希望他们未来能达到几分呢？（明确理想状态）

田鹏：我希望他们能达到8分，他们在项目中的角色和任务非常重要。

大伟：好的，如果他们能达到8分的投入度，会是什么样的情况呢？（具体化）

田鹏：他们会更加积极主动，每周按时参会；按时完成工作任务，确保准时交付；遇到问题和困难时，能及时表达出来，与大家一起商量解决办法，而不是等到最后才说。

识别干扰

大伟：对你来说，目前最大的挑战是什么？

田鹏：一方面，事情太多，我没有时间去关注他们；另一方面，我认为每个项目成员都应该做好自己的分内之事。唉！（叹了一口气）

大伟：我能理解，这个项目对你来说确实很有挑战性，无论是项目的复杂度，还是参与人员的规模，都比之前大得多，你承受了很大的压力。（表示同理心）

田鹏：（肩膀微微放松了一些，长舒了一口气。）

调动资源

大伟：为了提高他们的投入度，你之前做过哪些尝试呢？（行为层面）

田鹏：惭愧的是，我之前还没有做过任何尝试。前期我一直忙于处理项目上的其他事务，没有太多关注他们两人。

大伟：除了他们两个之外，其他各组的进展如何？

田鹏：其他各组进展都比较顺利。

大伟：那很好！能具体说说吗？

田鹏：售前工程师非常努力，认真听取客户的要求。软件开发人员提前发现问题，这使我们能够在测试过程中提前预测风险，从而提高效率。

大伟：那么，你是如何做到让他们如此投入的呢？（调动资源）

田鹏：我会在会议上反复强调项目的重要性；明确表达我对他们的期望；并且确保每次开会时，每个团队至少有一个人参加与客户的会议，以便获取第一手信息。

大伟：嗯，你还做了哪些工作呢？

田鹏：我还与各组负责人就如何监控进度和个人表现达成了共识。

大伟：这也是很重要的一点，还有其他措施吗？（继续探询）

田鹏：我会直接与个别同事沟通我所关注的事项，让他们了解我的想法；并且不断强调我们是一个团队，大家要互相支持，齐心协力。

大伟：看来你在调动团队成员积极性和投入度方面，确实有一些很好的经验和方法。

田鹏：（田鹏略显惊讶，随后自言自语道）"原来我只是忽略了他们……"（有了新的觉察）

3）创造选择（Options）

创造成功画面，提升能量

大伟：假如你经过各种努力，充分调动了所有人的积极参与，最终项目成功并获得了公司级的大奖。在接受表彰时，那会是一个怎样的画面呢？

田鹏：（看向窗外，眼中满怀憧憬）所有FT成员都上台去领奖，我们的客户和老板为我们鼓掌。

大伟：你会有什么感受呢？

田鹏：我会感到非常骄傲和自豪，因为我们终于成功了！

大伟：这确实是一个令人激动的画面。如果让你发表感言，你最想和大家分享什么呢？

田鹏：最重要的是团队合作，只有团队齐心协力，才能成功！（铿锵有力，充满能量）

大伟：如果去问孙明和张敏，你觉得他们会说些什么呢？（视角转换）

田鹏：他们可能会说："和大家一起完成项目很开心，也获得了很大的成长。"

大伟：如果让他们评价一下他们眼中的项目组，他们会怎么说呢？（视角转换）

田鹏：他们会说："项目组氛围融洽、和谐，大家互相支持，是值得依靠的伙伴。"

大伟：如果让他们评价他们眼中的项目负责人，他们会怎么说呢？（视角转换）

田鹏：（沉思之后回答）他们可能会说："项目负责人非常尽心尽责，能够调动团队的积极性，主动与我们沟通，让我们清楚项目的意义，明确肩负的责任，让我们在遇到困难时感受到支持。"

大伟：当你听到这些反馈时，你有什么新的发现吗？（创建觉察）

田鹏：（有些不好意思地低头）嗯，我突然理解他们了。即使时间再紧，也要关注人、关注团队。

创造选择

大伟：这是一个很好的发现！接下来我们来头脑风暴一下，看看如何提升孙明和张敏的投入度，找到一些可行的方法。

田鹏：好的。

大伟：有一种很好的头脑风暴工具叫平衡轮，分成八等份。你可以把你想到的方法说出来，我们一起列在上面。

田鹏：嗯，第一，要让他们意识到项目的重要性以及他们的投入对项目按时交付的影响——**意识到项目的重要性**；第二，创造更多机会让他们与其他成员合作，让他们感受到自己是团队的一部分——**营造合作氛围**；第三，多与他们的直接上级反馈工作成果和贡献，让上级了解他们在项目中的表现——**跟上级反馈**。（大伟将这些内容总结后写在了平衡轮上，如图4-7所示）

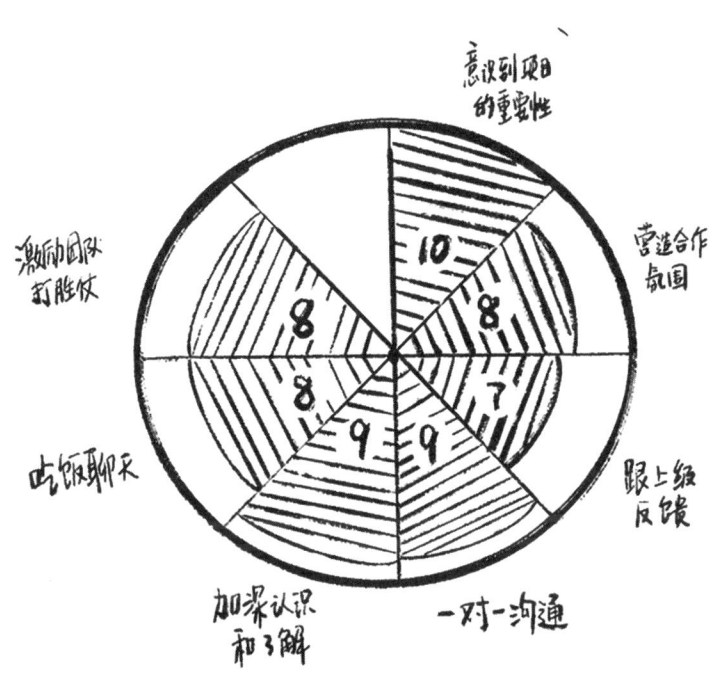

图4-7　平衡轮

大伟：还有其他想法吗？

田鹏：（抓耳挠腮，很为难地说）有点想不出来了。

大伟：你身边有没有在这方面做得很好的人？

田鹏：（想了想，突然很开心地说）还真有一位，我的前同事在这方面很有办法。

大伟：如果他面临同样的问题，你觉得他会怎么做？

田鹏：第四，进行一对一沟通，让他们感受到我的诚意——**一对一沟通**；第五，花更多时间与他们一起工作，充分了解他们的喜好、专长和工作习惯——**加深认识和了解**；第六，工作之余多一起吃饭、聊天，增强信任——**吃饭聊天**。

大伟：还有呢？

田鹏：第七，激励和调动整个团队的积极性，让大家为了共同的目标而努力！——**激励团队打胜仗**。（能量回升）

大伟：还有吗？

田鹏：（挠了挠头）应该没有了吧？

大伟：好的。我把你刚才提到的内容记录下来，总共7条。你看是否准确？是否需要修改？（把画了平衡轮的纸摆在田鹏面前让他看）

田鹏：不需要了，这样很好。

哇哦，这7条你觉得是否足够？

田鹏：可以了。

大伟：从有效性的角度来看，我们给这7条方法进行打分，圆心是1分，边缘是10分。

田鹏：（田鹏开始打分，大伟在一旁观察）

大伟：结合刚才的打分情况，如果从这7条中选出最关键的3条，你会选择哪3条？

田鹏：（认真思考）我选择第1条、第4条和第5条。

4）强化意愿（Will）

推动行动计划

大伟：我们已经探索了一些方法来提高他们的投入度。你之前提到希望他们的投入度达到8分。如果你充分运用这些方法，你觉得他们的投入度能达到几分呢？

田鹏：8~9分吧。

大伟：那么接下来，你打算采取的第一步是什么？

田鹏：我想先和他们进行一次一对一的沟通，增进彼此的了解和信任，同时向他们通报目前项目的进展和存在的风险，希望他们能尽快做出调整。

大伟：那么如何确保一对一沟通能达到你预期的效果呢？

田鹏：我会先营造一个良好的沟通氛围，对他们过去一段时间没有得到充分关注表示真诚的歉意，争取获得他们的谅解，然后再开始对话。同时，我会多倾听他们的想法，不带评判地听取意见，并且尽量围绕解决问题展开讨论，而不是指责谁的过错。

识别潜在障碍

大伟：这是一个很好的开始。在沟通过程中，可能会遇到哪些干扰呢？

田鹏：如果对方出现对抗情绪或者情绪失控，我就不知道该怎么办了。

大伟：如果出现这种情况，你打算如何应对呢？

田鹏：我想可以先暂停对话，去买杯饮料，让对方平复一下情绪，再看情况是否继续对话。

大伟：你打算什么时候开始沟通呢？

田鹏：我打算明天下午开始，先约孙明，毕竟男人之间沟通可能更顺畅，然后再约张敏。（轻松地笑了）

大伟：刚才你说要进行一对一沟通，你对自己去做的承诺度是几分？

田鹏：（语气稍微不够坚定）7分吧。

大伟：如果想从7分提升到8分，你觉得还可以做些什么呢？

田鹏：（想了想说）还是要做好充分的沟通前准备，多跟这方面有经验的同事请教。

大伟：如果这些方法你都做到了，你觉得一周后他们会有什么变化呢？

田鹏：他们会更积极地参与会议，工作主动性会更高，遇到问题会主动找我沟通，寻求我的帮助和支持。

大伟：假设三周后项目进度回归正轨，你最想感谢自己的哪个改变呢？

田鹏：（坚定地说）学会了换位思考。

确认目标达成，总结谈话价值

大伟：很好！时间过得真快，我们今天的谈话目标是找到2到3条切实可行的方法来提高他们的工作投入度。你觉得我们实现了吗？

田鹏：实现了，而且超出了预期，收获很大。谢谢您！

大伟：很好，恭喜你通过自己的努力找到了方法。那么，你在今天的对话中有哪些收获呢？

田鹏：这次对话帮我理清了思路，也让我看到了自己的不足。以前我更多关注事情本身，忽略了对人的关注，也缺乏对他人处境的理解和换位思考。

管理者赋能，结束对话

大伟：田鹏，通过今天的谈话，我感受到你是一位有责任感、有担当的项目经理。你勇于面对问题，主动寻求帮助，善于反思，我很欣赏你。我相信你一定能成为一名优秀的项目经理，带领团队成功交付项目，让客户满意，也让团队成员都有所收获！

田鹏：好的，谢谢您的鼓励！

大伟：今后如果还有任何需要帮助的地方，随时和我沟通。继续努力！

3.案例分析

此案例是跨部门合作的典型场景，在很多公司都存在此类问题。案例中的管理者展现出较高的职业素养，他能够根据个体差异制定相应策略。为了发展下属给他安排更具挑战性的任务，当下属遭遇困难或阻力时，及时关注并提供支持。

在谈话之初，询问进展了解情况，关联身份，协助下属洞悉任务的意义与价值。在沟通过程中抓住细节，下属是具备调动项目组成员积极性的能力，借鉴其过往成功经验整合资源，增强下属的信心。

他运用平衡轮助力下属创建解决问题的方法，激发下属的创意灵感，而不是直接给建议。引导下属聚焦实施路径，确立优先级。同时帮助下属创建觉察，让他站在合作方的角度去看待问题，进行换位思考，拓展他看待问题的多元视角，协助下属觉察认知盲区，当盲区得以觉察，成长便随之发生。

在推动下属行动时，发现他有些迟疑，持续协助其识别障碍因素，协助他找到提升动力和自信的方法，方能实现实质性转变。

4.工具和模型介绍——平衡轮

1）平衡轮介绍

平衡轮是教练式管理中一种极具代表性的工具。其独特的圆形结构，不仅赋予了它动态与流动的视觉感受，更能在无形中激发创意思考的火花。

平衡轮的核心价值体现在以下几个方面：

·**结构化思维**：它能够将复杂问题巧妙拆解为6到12等份（建议采用8等

份），如同车轮的辐条一般，清晰地展现出各个要素之间的平衡关系。

・**视觉化展现**：借助颜色标注（实际中，可用绿色代表高满意度，红色代表待改进）增强信息对比，从而激发感性认知，让问题和解决方案更加直观。

・**行动导向**：平衡轮不仅能够激发创意，还能引导个人或团队从创意生成迈向具体实施，形成一个完整的行动闭环。

2）常见应用场景

・**探索生命平衡**：将生命中的重要要素填写在轮子外围，并进行满意度打分。

・**有效决策**：当面临多个选择时，可将重要要素写在轮子外围进行打分比较，为决策提供有力支持。

・**激发创意**：将创意点子填写在轮子之间，通过视觉化的布局激发更多创意。

3）具体操作流程

平衡轮凭借其直观的视觉呈现和灵活的应用场景，已成为管理者激发个人或团队创意的有效工具。结合上述案例中的做法，具体操作如下。

第一步：绘制平衡轮

划分原则：通常为8等份，可根据实际需要进行调整。

工具选择：可使用便利贴或白板等工具。

小贴士：若使用A4纸，建议横放以便画出更大的轮子，便于查看。

第二步：激发创意

尽量使用开放性问题激发下属的创意；鼓励大胆想象，不设限制。

例如：

你能想到哪些方法？

如果预算或者人员不是问题，你还能想到哪些方法？

第三步：记录创意

从右上角顺时针填写，符合视觉动线规律，将创意记录在轮子辐条之间。

小贴士：管理者可帮助提炼总结，每条描述控制在8个字以内。

第四步：借力拓展

如果下属难以想到更多创意，可通过借力拓展来激发更多创意，管理者也可提供自己的想法。

例如：

谁在这个方面经验丰富，如果向他请教，可能会得到什么建议？

关于这个方面，我有一些想法，你想听听吗？

第五步：澄清确认

让下属全面审视平衡轮，确认是否有需要修改的地方，以及数量是否足够等。

第六步：聚焦排序

结合可行性、有效性、时间投入（短期/长期）、费用投入等评估维度，让下属对这些想法进行打分，并进行优先级排序，选出前3个。

5.觉察时刻

在你的实际管理场景中，是否遇到过类似的情况？你是如何进行沟通的？这个案例给你带来了哪些启发？

你如何引导员工从单纯关注事务转向关注人？

在跨部门合作中，你如何让员工意识到换位思考的重要性？

案例五 校准"优秀"的刻度
——王燕的绩效对话（呵护团队中坚）

1.背景介绍

在某电商公司的年度绩效评估中，资深运营经理王燕（35岁，司龄12年）自评为"优秀"，然而她的直接上级陈诚却给出了"达标"的评定。王燕业务能力强，工作成果出色，但个性较为强势，自我评价一直较高。在团队协作中，她容易给合作同事带来压力，尤其是资历较浅的同事。在此次绩效自评中，王燕的主要评价是："超额完成所有KPI，创新大促玩法获CEO表扬，评定'优秀'。"

陈诚认可王燕的能力，在过去一年的两次大促中，王燕负责的部分流量增长表现不错，但工作结果尚未达到"优秀"的标准。通常超过目标20%以上才能评定为"优秀"。此外，她在合作协同中引发了一些投诉，对团队内外产生了长期的负向影响。

为了缩小双方的认知差距，陈诚准备了公司职级描述和能力模型等相关材料，计划采用教练式管理，基于GROW模型，与王燕进行深入沟通。

2. 辅导过程

1）聚焦目标（Goal）

谈话切入和澄清需求

陈诚：王燕，今天我们来谈谈绩效。绩效评估的目的不仅是讨论结果，更是回顾过去的工作状态，提供反馈，助力你未来的成长和发展。

王燕：（情绪有些激动）老板，未来固然重要，但眼前也很关键。

陈诚：（先处理情绪，也打算直接表达自己的想法）我能理解你的情绪。过去几年你的绩效表现一直不错，是团队的骨干。这次你自评为"优秀"，而我评定为"达标"。如果你只是想了解结果，后续系统中会显示。但我更希望和你探讨一下产生差异的原因，以及如何调整，让你表现得更好。

王燕：（沉默不语）

关注和确认目标

陈诚：（打开桌上的矿泉水瓶，递给王燕）如果我们不讨论，这个差异就会一直存在，同时也会错过成长的机会。成长不仅体现在更好的绩效上，还包括承担更重要的角色和创造更大的价值。我们先来聊聊"优秀运营经理"的定义。你觉得这个角色最重要的三个能力是什么？

王燕：（心生渴望，想了解差异所在，身体前倾）第一肯定是业绩达成，大促流量增长25%；第二是创新，我设计的分品类分人群红包开盲盒玩法是全行业首创；第三是执行力，交给我的重点项目从未掉过链子。

陈诚：（点头，在白纸上简洁地记录下来）很务实。如果给这三个能力按重要性排序，你会怎么排？

王燕：我认为业绩最重要，其次是创新，然后是执行力。

陈诚：（翻阅材料，拿出一页材料）你看，这是公司使用的"管理者胜任力模型"。其中，"跨团队协作"的权重占25%，仅比"拿结果"的权重低5个百分点。你怎么看？（情境领导力应用：通过权威文件降低对抗性，从"告知"转向"参与"）

王燕：（皱了下眉头）团队协作问题都是细节，不能因为几次不愉快的合作就否定成果吧？

陈诚：我非常认同结果的重要性。不过，假设现在要提拔一位总监，一位业绩良好但团队合作屡次出现问题，另一位业绩达标但能凝聚多方力量，你会选择谁？

王燕：（沉默了5秒钟）第二个。

陈诚：感谢你的坦诚回答。通过探讨差异，我们也能发现成长的机会。

王燕：（内心的对抗感有所降低）好的。

2）厘清现状（Reality）

明确差距

陈诚：（打开一份360度反馈的雷达图）有些数据可能会让你感到不适，但我认为这能从不同角度提供启发。你看，这是你和其他三位运营经理的360度评估对比。绿色是你自评，蓝色是同事反馈，红色是我的评价。

王燕：（注意到"跨部门协作"一项）我的自评是4分，但同事居然只给2.3分？

陈诚：评估里有些文字反馈，我们可以看看。这里提到在供应链会议上，你当众质疑数据模型，事后证明他的算法有一些需要完善的地方，但是你当时的原话"这种低级错误根本不该出现，如果总是出现低级错误，损失让我们一起担，到时候怎么办？"之前我跟你多次反馈过，表达应聚焦具体行为，而非人格评判。

王燕：但如果我不指出错误，大促库存测算可能会出大乱子！

陈诚：（举起手示意暂停）你的专业判断确实救了项目，这一点我完全认同。但同样的结果，是否可以用另一种方式实现呢？比如直接指出数据不准确的地方及其后果，而不是进行强烈的评判与指责。你是否注意到，现在供应链团队与你合作时有些距离感了？

王燕：（不得不承认）确实，有些工作交付比之前慢了一些，但仍在约定的SOP范围内。

分析原因

陈诚：是的。你考虑过为什么会这样吗？

王燕：主要还是我觉得没必要那么费劲，有什么直接说，干脆利落，把结果拿到对大家都好。

陈诚：你认为这并不是那么重要，对吗？

王燕：嗯，相对而言重要性较低。

陈诚：那么，如果你认为它非常重要，你能做好吗？

王燕：（想了想）我觉得我能做好。比如我和对接支持我的产品经理关系很好，我提出的需求，他总能尽可能地安排排期。

识别干扰

陈诚：我也观察到你们的配合协同很好。所以我很想知道，你是如何判断重要性的？

王燕：因为如果和他协同不好，排期可能会出现问题。

陈诚：那些能直接影响你的，你会重视；而那些不能直接影响你的，你就不那么在意。

王燕：（若有所思）是这样的。

陈诚：供应链就是一个很好的例子。虽然不像产品团队在排期上影响那么大，但本来很好的协同，如果从1天拖到2天，损失可能是很大的。（有效反馈）

王燕：（点头）有时候供应链的同事也能帮助提供哪些品类在供应链视角中有爆款的机会。（新的觉察）

3）创造选择（Options）

创造成功画面，提升能量

陈诚：是的，想象一下，如果供应链同事和你协作得非常好，原本计划2天的工作，1天就能交付；而且他们还能时不时提供一些你所不知道但能帮助你挖掘爆品的机会，这不正是你期待的吗？

王燕：（开心地笑了）我当然很希望这样。

创造选择

陈诚：很好。你觉得可以做些什么来提升团队协同呢？

王燕：首先是要重视。

陈诚：能具体说说，怎么才能做到重视呢？

王燕：（想了想）因为我对数字和结果很敏感，我可以去梳理和推演一下，我的部门协同方从直接、间接、短期、长期等方面对我的工作结果的影响，尽可能地量化。

陈诚：这是一个特别好的办法。如果我是你的协同方，假设我的影响力对你来说不重要，我也会感到不开心的。（有效反馈）

王燕：（有些不好意思）这确实是个问题。

陈诚：量化的一个好处是可以合理安排时间和精力。不过，好的协同并不需要花费太多时间和精力。我记得有一次，市场部陈莉在方案讨论会上指出财务模型的漏洞，但她先肯定了"这个框架的底层逻辑特别扎实"，然后通过提问引出问题。你怎么评价她的处理方式？（分享好的做法）

王燕：（轻笑了一下）她很聪明，既解决了问题又不得罪人。

陈诚：如果我们把这种"聪明"变成可复用的方法论，你能从中学到什么？

王燕：首先要进行正向表达，肯定对方的做法，然后再提出自己的看法。

陈诚：这个总结很好！这种沟通方式是"非暴力沟通"，如果未来你掌握了这种沟通方式，我相信它能极大地提升你的团队协作水平。

4）强化意愿（Will）

推动行动计划

陈诚：我确认一下，综合来看，你觉得现在的岗位还是很值得充分施展才华的，对吧？

王燕：是的，谢谢陈诚，我要在这个岗位上好好磨炼一下。

陈诚：王燕，你能留下来我很开心。后续我们也会一起看看在哪些模块可以给你增加一些职责，一起朝着你的理想职业状态努力。

王燕：（被陈诚的主动支持感动）谢谢陈诚！

陈诚：也要谢谢你。接下来你打算采取哪些行动呢？

王燕：我会主动参加一些管理和领导力的培训，并主动约一些专家请教。

识别潜在障碍

陈诚：你认为在采取这些行动的过程中，可能会遇到哪些挑战呢？

王燕：嗯，可能会遇到一些问题无解，或者学习的一些知识和能力用不上。

陈诚：如果遇到这种情况，你打算怎么解决？

王燕：我会找你寻求帮助和指导。

陈诚：好的，我很乐意帮忙！你的具体规划和行动什么时候制定完成呢？（把想法落实为行动）

王燕：我思考和整理一下，下周二找你进一步沟通。

陈诚：好的，中间有任何疑惑，我们随时沟通。

确认目标，总结谈话价值

陈诚：你现在感觉怎么样？

王燕：挺好的，困惑少了很多，也没那么纠结了。

管理者赋能，结束对话

陈诚：你是我们团队的主力干将，我衷心期待你在专业和管理方面不断提升，助力我们整个团队创造更大的价值！

王燕：谢谢陈诚，今后遇到问题，再向你寻求指导和帮助。

陈诚：好的好的，随时找我。

3.案例分析

本案例涉及绩效沟通中的差异，具有一定的挑战性。对于工作年限较短、资历较浅的员工，应先给予充分且具体的肯定，再指出需要提升和改变的地方，随后告知总体绩效结果，并邀请员工表达意见和反馈。

案例中的王燕较为资深，自我认知过高，且与上级较为熟悉。因此，在绩效沟通中，可以直接指出差异所在。针对认知差异，通过教练式管理，从王燕关注的"结果"出发，揭示不重视团队协同对"结果"的负面影响。

同时，通过对话区分意愿和能力方面的差距，明确哪个维度的缺口更大。提升意愿的方法是围绕员工关注的维度进行探讨；而提高能力则从赋能培训和日常反馈的角度出发。此外，还需注意对员工的肯定和认可。像王燕这样的团队中坚力量，若得到充分激发和支持，不仅个人能实现成长，还能为团队带来更好的成果。

绩效面谈相关内容

1.目的

告知：让员工了解年度绩效结果及评价，达成共识。

激励：对员工成就和优点给予认可，鼓励未来取得更好的业绩。

辅导：指出员工待改进的地方并制定行动计划，后续持续跟进辅导。

2.原则

确定共同期望，设定目标达成一致。

消除认知差异，一起复盘过去，修正方案。

共同展望未来，制定行动计划。

员工被赋能，满意地离开。

4.工具和模型介绍——乔哈里视窗

该模型由美国心理学家约瑟夫·勒夫特（Joseph Luft）和哈里·英格拉姆（Harry Ingham）于1955年提出，以两人名字首字母命名。它是一个经典模型，用于分析人际沟通与自我认知，通过揭示信息在人际互动中的分布状态，帮助个人和团队提升自我觉察、改善沟通效率、建立深层信任。

模型结构：四个认知象限

乔哈里视窗将个人和团队的信息划分为四个区域，由两个维度交叉形成（见图4-8）：

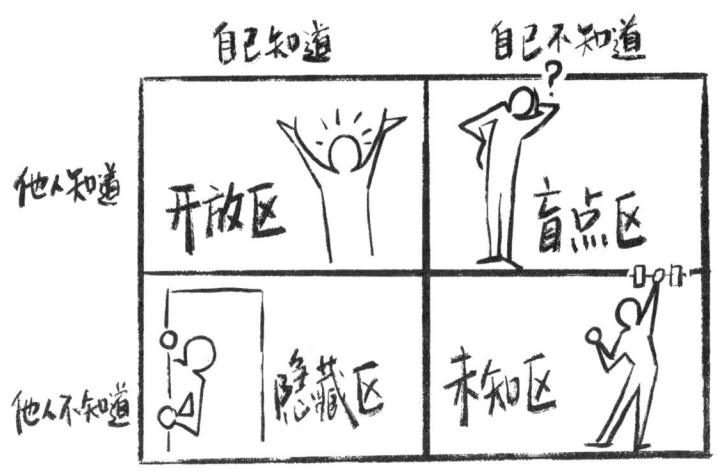

图 4-8　乔哈里视窗

· 横轴：自己知道 vs. 自己不知道。
· 纵轴：他人知道 vs. 他人不知道。

开放区（Open Area）

定义：自己知道且他人也知道的信息。

示例：公开的工作技能、性格特点、沟通风格。

价值：团队协作的基础，开放区越大，沟通成本越低，信任度越高。

盲点区（Blind Spot）

定义：他人知道但自己不知道的信息。

示例：无意识的行为习惯（如开会时频繁打断他人）、未被察觉的优势或短板。

风险：盲点区过大会导致误解，影响团队效能。

隐藏区（Hidden Area）

定义：自己知道但他人不知道的信息。

示例：未表达的创意想法、对同事的真实看法、个人顾虑。

双刃剑：适度隐私保护必要，但过度隐藏会阻碍协作。

未知区（Unknown Area）

定义：自己和他人均未意识到的信息。

示例：潜在能力、未被激发的创造力、团队协同的意外可能性。

机遇：团队突破性创新的重要来源。

在一对一辅导中的应用

扩大开放区：构建信任基石

方法：通过员工自我披露及管理者反馈双向拓展。

缩小盲点区：破除认知偏差

方法：管理者直接给反馈，或者通过测试帮助照镜子，建立TP（Telking Partner，结对子反馈）机制。

管理隐藏区：平衡隐私与透明

方法：创造心理安全环境，鼓励适度自我暴露。

探索未知区：激活员工潜能

方法：设计突破性挑战任务、轮岗、跨界体验。

5.觉察时刻

你会采用何种方法与员工共识"优秀"的定义与定性衡量标准？

除了年度评估，你认为还有哪些时刻需要及时给予员工绩效反馈？

如果发现员工存在盲点区，反馈时可能引发其逆反情绪，你会如何处理？

如果绩效沟通可能出现僵局，你的处理预案是什么？

教练式管理的本质在于将解决问题与激发潜能深度融合。通过五大案例的实践可以看出，GROW模型并非机械的流程模板，而是管理者与员工共同探索目标、突破瓶颈的动态对话艺术。

无论是帮助赵磊重燃动力、为王帅明晰职业路径，还是引导张峰直面挑战、协调田鹏的跨部门协作，亦或是弥合王燕的绩效认知差异，其核心都在于以员工成长驱动绩效结果。赋能型管理者深知，高绩效团队的基石并非单一目标的达成，而是每个成员持续进化的能力与意愿。通过教练式管理，管理者能够精准识别员工的"卡点"，借助逻辑层次、职业发展TOP模型等，将个人发展与企业战略相耦合，让员工在解决问题中实现自我超越。这种"授人以渔"的辅导方式，不仅化解了当下的困境，更支持了员工的持续成长和团队凝聚力的打造。

最终，当每一位员工都能在挑战中明晰方向、在反馈中迭代成长时，个体的高绩效便会凝聚为团队的协同势能。而教练式管理者，正是这场"静默革命"的引领者——他们用对话唤醒潜力，用信任激发担当，在成就他人的过程中，悄然打造出一支目标同频、能力互补、持续创新的高绩效团队。这才是组织在VUCA时代最稀缺的竞争力。

CHAPTER 5

第五章

教练式管理实战应用
（团队）

> 好的管理者应该学会当教练，亲自帮助他人取得成功。
> 团队应像社群一样，成员间用心倾听、真诚关心。
> ——比尔·坎贝尔（硅谷传奇教练）

5.1 团队教练介绍

5.1.1 团队教练的价值

在VUCA时代，管理者仅凭个人智慧或传统的指令式管理方式已难以应对多维度的挑战。当组织发展进入深水区时，团队教练技术正逐渐成为管理者激活组织潜能的关键杠杆——它不仅是个人辅导的延伸，更是将"个体优势"转化为"群体智慧"的有效工具。

以下是团队教练的四大核心价值。

1. 突破思维局限，激活集体智慧池

传统管理常陷入"经验复制"的路径依赖，而团队教练通过结构化流程（如世界咖啡、开放空间、六项思考帽等），引导成员突破认知边界。

当研发主管的理性思维与市场人员的感性洞察相融合，基层员工的实操经验与管理层的战略视角相结合时，团队的智慧池将产生指数级的拓展效应。这种共创机制不仅能消除个体的信息盲区，还能在复杂问题中催生突破性的解决方案。

2. 构建心理安全环境，增进深度信任和协作

真正的团队凝聚力并非源于回避冲突的"虚假和谐"，而在于建立一种敢于展现弱点、直面分歧的心理安全环境。借助团队教练的冲突调解技术（如非暴力沟通、情感账户工具），成员在观点交锋中学会开展"建设性讨论"。当技术工程师敢于质疑产品经理的用户画像，新生代员工能够坦诚表达对传统流程的困惑时，团队将逐渐形成"差异即资源"的共识。这种基于深度理解的信任，正是高绩效团队的基石。

3.培育系统思维，提升团队问题解决能力

与零散的头脑风暴不同，团队教练采用全流程能力赋予设计：从通过GROW模型精准定位问题本质，到运用六顶思考帽进行多维度分析，再到借助设计思维进行原型验证，每个环节都融入了系统性思维工具。

某制造企业在处理质量事故时，通过团队教练引导跨部门绘制"问题图谱"，不仅精准定位了生产环节的疏漏，还揭示了供应链信息孤岛的问题根源。这种结构化的问题解决能力，使团队逐步具备了"既见树木又见森林"的洞察力。

4.营造学习型场域，打破岗位间的认知边界

团队教练本质上是一种深度学习过程：当技术主管在研讨中理解产品迭代逻辑，当销售骨干在绘制用户旅程地图时理解服务设计思维，知识的流动打破了岗位边界。

某互联网公司通过季度团队复盘教练，将618大促期间的物流故障转化为全公司的失败案例库。这种经验积累机制，使团队学习进入了"实践—反思—进化"的良性发展轨道。

团队教练的价值本质在于构建组织的群体智能机制——它通过重新定义对话模式（从汇报式到共创式）、升级协作模式（从机械配合到有机共生）、打造学习机制（从知识传递到认知重构），最终实现1+1>N的协同效应。

当管理者从"问题解决者"转型为"智慧催化师"时，团队便拥有了持续进化的生命力。

管理者学习并运用团队教练技术，对其自身而言也是一个重要的成长过程。在团队教练的过程中，他能够更加深入地洞察和理解团队成员之间的互动模式以及群体间的动力，从而更好地应对复杂的人际互动。

5.1.2 团队教练和一对一辅导的共性和差异

在介绍团队教练流程之前，先了解团队教练与一对一辅导的共性与差异，以便更好地理解团队教练。

团队教练与一对一辅导存在诸多共通之处。

聚焦目标：无论是团队还是个人，均围绕既定目标开展工作。

提问驱动：减少直接给出答案和建议，更多通过提问激发员工的主动思考。

反馈闭环：团队和个人均需定期进行反馈，并跟进行动进展。

灵活调整：根据实际反馈动态优化流程，避免僵化地应用模板。

团队教练与一对一辅导亦存在显著差异，主要差异点如下。

对象不同：（群体 vs 个人）团队教练针对整个团队，一对一辅导针对个人。

目标不同：（团队协作 vs 个人发展）团队教练关注团队协作、目标对齐与集体效能提升；一对一辅导关注个体成长、能力突破与个性化问题解决。

管理者角色：（引导者 vs 赋能者）在团队教练中，管理者是引导者和协调者；在一对一辅导中，是赋能者和支持者。

沟通方式：（公开讨论 vs 私密交流）团队教练通过公开讨论、头脑风暴和观点碰撞；一对一辅导则为单独私密交流。

互动模式：（多向沟通 vs 双向沟通）团队教练为多向沟通，需协调平衡成员诉求，避免个人主导；一对一辅导为个性化关注。

工具不同：（共创工具 vs 发展模型）团队教练使用协作和共创工具，一对一辅导使用个人发展模型及简单共创工具。

流程管理：（复杂严谨 vs 简单灵活）团队教练需进行结构化和流程管理，根据主题进行准备和设计；一对一辅导则更简单灵活，无需过多准备。

成果衡量：（团队绩效 vs 个人绩效）团队教练以团队整体绩效为衡量标准，一对一辅导以员工个人绩效为衡量标准。

时间管理：（时间较长 vs 时间较短）团队教练通常用时较长，至少2小时以上，长则2~3天；需高效引导；一对一辅导通常为1小时左右。

团队教练复杂度更高，管理者需关注团队动力，例如处理冲突，促进共识；而一对一辅导则需要注意建立信任，处理敏感话题。当然，若有文化差异等因素，也需一并考虑。（见表5-1）

表5-1 团队教练与一对一辅导的核心差异

维度	团队教练	一对一辅导
对象	整个团队	个人
目标	关注团队协作、目标对齐与集体效能提升	关注个体成长、能力突破与个性化问题解决
管理者角色	流程引导者和协调者	赋能者和支持者
沟通方式	公开讨论、头脑风暴和观点碰撞	单独私密交流
互动模式	多向沟通，需协调平衡成员诉求，避免个人主导	个性化关注
核心工具	协作和共创工具	个人发展模型和简单共创工具
流程管理	结构化和流程管理，根据主题进行准备和设计	简单灵活，无需过多准备
成果衡量	团队整体绩效	个人绩效
时间	通常用时较长，至少2小时以上，长则2~3天不等	1小时左右

5.1.3 团队教练流程说明

本书所介绍的团队教练流程基于GROW对话流程，便于管理者学习与应用。

团队教练相较于一对一辅导更为复杂，需要提前进行充分准备，以确保流程的顺畅性。在GROW对话流程的基础上，增加了"前期准备"这一步骤，形成了**"团队教练五步法"**。（见图5-1）

第一步：前期准备

目标：明确共创议题，匹配合适的工具，做好充分准备，营造良好的场域氛围。

前期准备主要包括以下四个方面。

1）确定议题

与团队核心成员沟通，明确待解决的业务或协作问题，例如目标偏差、

图 5-1　团队教练五步法

创新瓶颈、冲突化解等。

尽量聚焦在一个明确的方向上，例如"如何突破当前的增长停滞？"或"如何提升团队合作？"

问题示例：

·如果本次会议只能解决一个问题，大家认为应该聚焦于哪一个？

·我们的客户或上级对这个问题最核心的期待是什么？

小贴士： 议题是一个需要解决的问题，可能是一个方向性描述，有时较为模糊，与目标有所不同。在这一步先聚焦一个方向，在第二步聚焦目标时再进一步澄清并达成共识。

2）匹配工具

根据议题类型匹配相应的工具：

目标对齐：OKR框架、SWOT分析法

问题解决：5Why分析法、鱼骨图

创新思考：六项思考帽、平衡轮

团队建设：共创愿景、DISC团队融合、封面故事、巅峰低谷故事会

3）准备材料

如果团队需要提前了解相关背景信息或其他资料，应提前整理好并发送给团队成员阅读，以确保信息层面的统一，避免占用现场时间。

4）准备环境

团队教练需要一个开放且开阔的空间，并应提前做好环境准备。准备内容包括桌椅摆放（见图5-2）、白板和引导布等视觉化工具，以及彩笔和便签纸等材料。通常情况下，团队教练的桌椅摆放呈U型，仅设椅子（最好配备书写板），不设桌子，以便员工移动且使空间更开阔。如果人数超过10人，建议分组进行，每组不超过8人。

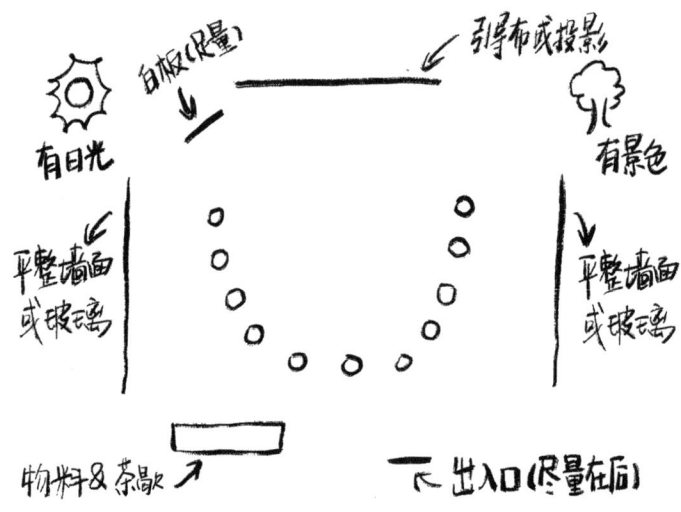

图5-2 桌椅摆放

小贴士：桌椅摆放应根据实际需求确定。如果分组讨论较多且需要书写，可采用鱼骨式摆放。

第二步：Goal聚焦目标

目标：建立信任，增强连接，激活团队能量；明确规则及分工，共识目标。

1）**连接暖场**

团队教练在进入正式讨论之前，通常需要暖场。主要目的是将大家带入当前的讨论氛围，同时增强彼此的了解、信任和深层次连接，激活团队能量。

常用的方法如下。

个人层面：

- 每个人用一个词分享当下的感受，例如期待、平静、困惑、兴奋等。
- 准备一些彩色卡片，让成员选择一张符合此时心情的图片并进行说明。
- 每个人分享一件最近印象深刻的小事。
- 每个人分享一个最近工作中感到自豪的瞬间。

团队层面：

- 如果用一种天气来形容团队当前的状态，你会选择什么？理由是什么？
- 如果团队是一艘船，我们现在航行在何种海域？需要什么装备才能继续前进？

管理者介绍议题背景与预期产出，例如讨论提升用户试驾体验、突破当前增长停滞、寻找应对竞争对手的策略等。

2）制定规则

共同制定会议规则，例如积极参与、认真倾听、不打断他人发言、对事不对人、表达简洁、守时、坦诚沟通、手机静音等。

小贴士： 如果团队已经制定并达成共识的规则，可以提前写在海报纸上，贴在显眼位置，开始前进行强调说明。

3）明确流程及分工

明确团队教练流程及时间节点，确保团队成员知晓整体的流程规划，遵守时间；明确角色分工，通常情况下管理者是主持人，需要再明确其他角色，如计时员、记录员（整理现场内容及会议纪要）等，做到团队配合，提升效率。

小贴士： 角色分工应尽量遵循自愿原则，明确任务要求后，由员工主动承担。若无人主动承担，管理者可直接指定。

4）共识目标

澄清议题： 基于管理者开场时对议题背景及预期产出的说明，进一步展开讨论。团队成员可就存在疑问的地方进行提问，管理者予以澄清，确保所有成员对议题背景达成一致理解，保障信息的全面性和透明性。

问题示例：
- 对于这个议题，大家还有什么疑问？
- 对于这个议题，大家还有什么需要了解的？
- 对于这个议题，还有什么需要进一步澄清的？

共识目标： 明确本次团队教练结束时需达成的具体目标。管理者虽已提出总体期望，但目标表述往往较为笼统，需团队成员共同细化，使其符合积极正向、SMART（具体、可衡量、可达成、相关性、时限性）、可控、易理解等原则。例如，确定3条提升用户试驾体验的方法，或制定实现10%业务增长的具体策略。

问题示例：
- 本次团队教练希望实现什么目标？
- 如何衡量结束时我们达成了目标？
- 实现这个目标对团队会产生什么价值？
- 实现这个目标对团队每个人的价值是什么？
- 如果目标达成，我们的客户或合作伙伴会如何评价我们？

小贴士： 团队教练目标共识需激发团队成员对目标实现的意义和价值的认知，增强其达成目标的决心与动力。

第三步：Reality厘清现状

1）目标：分析现状，剖析主要原因，识别干扰因素。

明确差距

首先需澄清现状，通过摆事实、列数据的方式进行呈现。例如，客户流失率同比上升15%，业务增长目标较去年同期增长10%，而目前是3%负增长；用户试驾后体验的NPS值从8分降至7分，其他相关数据亦应一并列出。

小贴士： 相关数据需提前准备，可安排业务相关人员负责。

2）分析原因

根据现状，分析原因，并将问题记录于白板。

问题示例:

· 造成该差距的主要原因是什么?

先发散: 通过头脑风暴搜集所有可能性。具体形式视人数而定:人数较少时,可由个人先将想法写在便利贴上,再贴于白板或引导布进行归类汇总;人数较多时,可采用小组讨论方式共同分析原因。

再收敛: 对原因进行归类、去除重复项,对不清晰的内容进行澄清或重新书写张贴。根据列出的原因,通过"3×3"法则投票(每人3票,投给3个最关键原因)。

投票方式多样,人少时可直接采用举手投票,每人3票;也可借助不干胶"投票点"(见图5-3)或使用投票小程序进行投票。

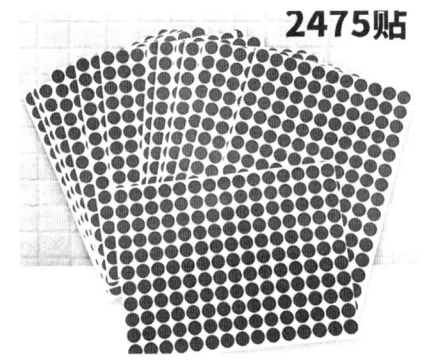

图5-3　2475贴

小贴士: 该投票方式亦可用于方案选择及优先级事项的确定。

3)根因分析

针对投票选出的主要原因,进一步追问,深挖本质,避免问题在未来重复出现。

问题示例:

· 这个问题如果持续3个月未解决,最严重的后果是什么?

· 我们是否在重复过去的错误模式?哪些行为需要彻底改变?(针对持续存在或重复出现的原因)

· 如果竞争对手已经解决了这个问题,他们可能做对了什么?

- 我们默认了哪些规则？背后有哪些假设？

4）识别干扰

明确目前面临的主要挑战和障碍有哪些。

问题示例：

- 目前面临的主要挑战是什么？
- 在这个项目中，最大的障碍是什么？
- 哪些因素有可能阻碍这个项目成功？
- 是什么阻止了行动？
- 哪些人愿意让改变发生？哪些人不愿意让改变发生？

5）调动资源

问题示例：

- 目前，团队已采取了哪些行动？其结果如何？
- 过去遇到类似问题时，哪些经验可以复用？
- 团队中有谁具备解决这个问题的独特视角或资源？
- 哪些外部合作伙伴可能成为破局的关键助力？
- 还需要什么资源支持？

第四步：Options 共创方案

目标：群策群力，决策落地，做好风险预判。

1）共创方案

创造成功画面，提升能量，启发创造力和想象力。

问题示例：

- 假如项目取得了成功，将会是怎样的景象？
- 如果我们成功突破了业务增长瓶颈，那是因为我们做了什么？
- 如果用户试驾体验非常好，那将是一幅怎样的场景？我们能从中观察到什么？听到什么？
- 假如我们身为用户，参与试驾并获得极佳体验，将如何向他人分享这一感受？
- 如果资源不是问题，我们会怎么做？

- 如果预算翻倍，我们会采取哪些大胆行动？
- 5年后回头看，哪些方案会让我们觉得当初的选择真明智？
- 假设现在必须在24小时内解决问题，你会提出何种应急方案？

借助工具进行方案共创，找到更多的解决方案。例如，通过六项思考帽、平衡轮、三把椅子等工具进行头脑风暴，找到解决方案。

后面案例中会详细展开介绍六项思考帽在创新思考中的应用。

2）方案共识

达成最具可行性解决方案的共识。

根据不同的主题，找到相应的决策矩阵，帮助决策。常见的有利弊分析表、可行性—影响力矩阵、SWOT分析、成本—效益—风险等，对方案进行评估，共同决策可行性方案。

小贴士：决策矩阵可助力团队进行结构化思考，全面且科学地评估方案，而这一过程本身也是形成共识的关键环节。

3）风险预判

任何方案都要考虑到风险，确保实施的成功概率，同时做好风险防范，有时要有备选方案。

问题示例：

- 在执行过程中，可能面临的最大障碍是什么？应如何应对？
- 如果此方案在执行过程无法顺利推进，备选方案是什么？
- 执行方案时，最可能在什么时候遭遇瓶颈？应采取何种措施加以预防？
- 如果关键人员突然离职，我们的备选方案是什么？
- 哪些指标能够最早预警方案偏离既定轨道？

第五步：Will强化意愿

目标：责任落实到人，建立持续跟进和改进机制，分享收获，庆祝完成。

1）强化共识

回顾团队教练初始目标，确定产出是否达到预期；是否有任何遗漏和补充；同时再次强调产出方案，行动计划关键节点，强化共识。

2）责任落地

绘制甘特图，制作SMART行动清单，将具体任务落实到责任人、截止时间，便于后续跟进，并获得当事人的承诺。

问题示例：

- 你对自己所负责的事项是否明确？
- 针对任务和时间计划，你还有其他疑问吗？
- 请大家给自己负责的任务按时完成的承诺度打分，1~10分。
- 还需要哪些资源或支持？
- 你负责的任务如果未能达成，将对团队目标产生多大影响？
- 需要提供何种支持，才能使你的承诺度从7分提升至9分？
- 如果遇到阻碍，你计划在何时主动寻求帮助？

小贴士：如果存在未决议题，应将其纳入"停车场清单"，并安排专项讨论。

3）建立机制

建立汇报和跟进机制，如双周同步会、wiki同步进展、可视化看板等。

4）庆祝

结束前，管理者通常需要再次提升团队的能量，让大家分享收获，同时对团队成员的积极投入表达感谢，并庆祝团队共创会取得成果。

每人分享收获

常见做法：

- 分享本次会议的最大收获，可用一句话或者一个词概括。
- 在本次讨论中，哪一个瞬间使你对团队产生了新的认知？

复盘反思，为了持续改进

问题示例：

- 如果重新组织一次会议，你会建议对哪个环节进行改进？
- 下次团队教练过程中最需要保留的三个优点是什么？

小贴士：应尽量做到简洁明了，避免拖沓，因为整个共创过程较为耗费精力，临近结束时团队成员已经非常疲惫。

管理者总结

对团队成员表达感谢，并庆祝共创取得的成果。

在整个过程中，管理者要特别注意以下两个方面：

· 控场技巧。对跑题者温和干预，拉回到主题的讨论中来。例如，"这个观点和我们的目标有何关联？"对沉默者或者不积极参与者点名邀请。例如，"XX，你在这方面经验丰富，你的看法是什么？"

· 多提问，少发言。让团队成员多参与和发表意见，不要提前把自己的观点先抛出来，以免影响成员的发言。

5.1.4　团队教练五步法的三个原则

在实际执行过程中，团队教练五步法注意遵循以下三个原则：

· 灵活性：可根据团队规模压缩或扩展各阶段时长。
· 可视化：全程使用白板/电子文档同步信息，避免讨论无痕。
· 轻量化：单次会议聚焦一个核心议题，避免过度发散。

5.2 一对多团队共创案例

管理者在日常工作中应用团队教练技术的场景主要集中在会议环节，因此本文选取了周例会、脑暴会和复盘会这三大会议场景进行介绍。这些场景不仅发生频率高，而且应用范围广泛，结合团队教练流程的运用，能够显著提升团队协作效率和会议质量。

对于一些相对复杂的团队教练场景，如愿景使命共创、战略工作坊、团队融合工作坊等，如果管理者认为自身难以独立完成设计和引导工作，建议积极寻求专业团队教练的协助，以确保团队教练活动的顺利开展和有效实施。

三大会议场景案例结构如下：

会议背景介绍。包括公司背景、团队遇到的问题、会议相关议题以及参与人员范围等。

会议流程。运用团队教练五步法开展会议，不同会议场景存在一定差异，关键在于灵活运用。

工具和模型介绍。介绍会议中使用的工具及参考的经典模型，帮助读者理解团队教练与工具的结合应用，供未来实际运用时参考。

觉察时刻。通过阅读案例并结合自身实际管理过程，促使读者深化学习与反思，从而更好地将其应用于自身的真实管理场景。

表5-2是三大会议场景的说明。

表5-2 三大会议场景

会议类型	行业	案例背景	工具和模型
周例会	互联网	召开周例会	无
脑暴会	服务—家政	遇到增长挑战	六项思考帽
复盘会	制造业	产品出现质量问题	KISS模型、PDCA循环、鱼骨图、5W1H分析法

案例一　团队教练流程
——周例会

1. 会议背景介绍

周例会并非严格意义上的团队教练，其并非单一议题，而是用于跟进进度、共享信息、扫清执行障碍以及保证目标达成的定期沟通会议。鉴于周例会的高频特性，将其作为主要应用场景进行分享。若将团队教练思维与理念融入其中，可有效提升团队凝聚力与执行力。

通常情况下，团队周例会采用"汇报式"，各小组负责人向上级汇报本组工作。在汇报过程中，其他小组负责人有的在聆听，有的则忙于处理手头事务，认为其他小组的工作与自身关系不大。

在企业中，此类情况较为常见，信息仅在上级与小组负责人之间双向流动，并未调动其他人员共同参与，形成扁平化信息流动网络。这种弊端在于，各成员仅关注自身工作，对其他小组工作了解不足，难以形成有效协作。

融入团队教练式思维与理念的周例会，是一种共创式共同参与并相互学习的方式。

管理者需向团队成员清晰阐述会议目的与流程。尤其是既往周例会流程已深入人心，调整难度较大，前期需经历适应过程。管理者应反复强调会议流程调整的原因及目标，使团队成员理解调整的必要性。这一点至关重要，否则团队成员可能会认为浪费时间，或不愿参与。

通常情况下，一次周例会时长约为1.5~2小时，具体时长可根据日程安排略有调整。

2. 会议流程

1）会前准备

团队成员完成周报的提交，管理者进行汇总

如果有需要讨论的议题，提前做好准备。若该项目由某位成员具体负责，则需提前准备好相关材料并共享给团队成员。

提前预订会议室。如需进行共创讨论，应提前准备好相关道具，如海报、白板、彩笔等。

2）会议开场（10~15分钟）

暖场联结checkin

·用一个词分享此刻的心情。

·分享一件过去两周内印象深刻的事情（每人发言时间不超过2分钟）。

我之前的团队在双周例会中常采用这种方式，通过分享正在阅读的书籍、观看的影视作品、当下热点话题或生活中的事件，增进团队成员之间的了解，拉近彼此关系，促进深度联结。

明确规则

需明确会议规则，并在每次开会前重申。

例如，放下手头的事，认真聆听；不用电脑，不看手机；积极提问等。

明确流程及分工

明确会议日程及分工，确定计时员、记录员（负责书写会议纪要）等角色。相关角色通常由团队成员轮流担任，也可由团队中的新人担任。

3）会议中

工作汇报（15~20分钟，可以限定3分钟/人）

各组员汇报上周任务完成情况、主要亮点、本周重点工作及所需支持。

除上述汇报方式外，还可预留约15分钟时间供团队成员共同阅读周会内容。

组员提问（30~50分钟）

一个工作组汇报完毕后，其他组员可针对不理解或感兴趣的内容进行提问。

此做法旨在：一方面，确保每位与会人员认真聆听他人发言或阅读周报，以便提出高质量的问题；另一方面，促进团队成员之间互相了解彼此工作，借鉴其他小组的成功经验和做法。

例如，其中一个工作组下周计划对用户进行调研，发现另一个工作组已经完成了用户调研，这样就可以去取经，同时了解数据是否可以参考。

小贴士：建议每位成员至少提出一个问题，以保持专注，避免分心。若成员走神，管理者可进行点名提问。

按照工作组或职能组的顺序依次进行，流程同上。

除了以上工作汇报是常规例行之外，还可以设置专项讨论或经验分享，以下两个环节为可选。

专项讨论（可选，30分钟）

如果某小组当前面临一个具有挑战性的问题，需借助团队力量进行讨论，可提前提出。

此类专项讨论通常针对较小议题，旨在借助集体智慧提供思路。例如，某小组在策划下月营销活动时,虽已提出两个方案,但仍缺乏创新性,可借此机会听取他人意见。此类讨论通常在15~20分钟内完成,可获得相关建议与反馈。

如果问题极为重要且复杂,可另行安排会议进行深入讨论。

经验分享(可选,30分钟)

若某团队在近期成功完成某一项目或活动,其经验对其他成员具有较强的借鉴意义,可邀请相关负责人进行分享。此类分享通常包括15~20分钟的经验介绍及15~20分钟的答疑环节。

这种做法不仅促进团队成员间的相互学习,还为表现优秀的成员提供了展示平台,有助于增强其荣誉感与自豪感。

4)会议结束(10分钟)

会议结束前,团队成员进行总结发言(checkout)。

每位成员分享本次会议的收获或分享对其有启发的观点,以感性方式结束会议。

巩固会议成果,提升团队士气。

最后,管理者进行总结发言,对团队成员的积极参与及分享者表示感谢。

表5-3对比了传统周例会与团队教练式周例会。

表5-3 传统周例会与团队教练式周例会对比

	传统周例会	团队教练式周例会
目标	汇报工作,同步进度,扫清执行障碍	了解彼此的工作进度,成员共同参与,信息共享,方案共创
形式	汇报式	共创式
关注点	目标、任务、事情	目标、团队成员、团队凝聚
成员参与度	相对低	相对高
协作程度	相对低	相对高
信息共享度	相对低	相对高

3.觉察时刻

你在组织团队周例会时重点关注哪些方面？团队教练式周例会与你组织的周例会存在哪些差异？

团队教练式周例会为您带来了哪些启发？与当前周例会相比，可能产生何种效果？

你计划如何优化周例会？在此过程中可能面临哪些难点？

案例二　团队教练流程
——脑暴会

1.会议背景介绍

脑暴会，即头脑风暴会议，是一种通过自由联想、讨论和分享来激发团队创意与创新的会议形式。它通常由5~10位来自不同岗位的人员参与，时间控制在40~90分钟，旨在通过发散思维和集体讨论产生新想法或解决方案。

这种会议形式起源于20世纪30年代，由美国创造学家A·F·奥斯本提出，如今已广泛应用于产品研发、创意构思以及问题解决等诸多领域。

脑暴会非常适合以团队教练的方式开展。团队教练的价值在于引导团队发现水流的方向，不是强行改变河道，而是帮助河水找到更通畅的路径。

国际教练联合会（ICF）将团队教练定义为"促进团队整体进化的对话艺术"。这与个人教练的区别在于，团队教练就像园丁照料整片花园，既要关注每朵花的生长，更要考虑植株间的共生关系，而个人教练则更像单独培育一株玫瑰。

团队教练最像在演奏爵士乐。每个人都有自己的乐器（观点），教练式管理者的任务不是指挥演奏，而是帮助乐手们听见彼此的和声。当产品经理坚持"必须优先开发新功能"，而运营主管高喊"优化用户体验优先"时，真正的突破往往诞生于他们发现"用户留存率"这个共同节拍的时刻。

2.会议流程

我们选取的案例是一家家政平台,该平台面临增长挑战,希望通过脑暴会找到核心影响因素,并探索下一阶段的发展机会。

1)案例背景

一家家政服务平台,连接15万阿姨与200万家庭,正经历着"成长的阵痛"。用户说:"现在的清洁像完成任务,10年前阿姨还会教我怎么收纳冬被。"阿姨抱怨:"接单量多了,收入反而少了10%。"区域经理困惑:"我们培训的服务标准,为什么执行起来总打折扣?"

希望通过一场时长120分钟的脑暴会,清晰地识别关键问题并找到解决方案。

2)会前准备

界定要讨论的问题。初始问题是CEO在月会上提出的:"如何实现用户增长突破?"经过与各关键负责人的深度对话,发现真正的问题是:"当阿姨把服务当作谋生手段而非专业时,用户感知到的价值必然持续衰减。"最终确定会议命题:"如何让阿姨成为家庭空间管理专家?"

明确参会对象。邀请拥有不同视角的参会人员,包括技术工程师、资深阿姨代表。

准备相关的事实材料。例如整理出128条用户的原始投诉记录和阿姨的访谈记录。

准备关键物料。例如铜铃,用于在讨论陷入僵局时摇动;白板和白板纸,作为"停机坪",用于记录或张贴讨论中提出的与议题无关的问题或想法。这些问题或想法可在会后进一步处理,以维护会场内的积极参与和开放思考的氛围。

3)目标聚焦——校准集体的"北极星"(30分钟)

整个脑暴会过程中,可以使用一个工具——六项思考帽。主持人佩戴蓝色思考帽,代表着全局视角。开场时,讲清楚开会的背景,以及大家参加这个会议的角色是什么。

然后,请每个人在便利贴上画出"心中理想阿姨的形象"。市场总监画了超人，培训主管画了教师，而一位阿姨代表画了带着微笑的向日葵。

画完之后，主持人向大家提问："这些画像的共同点是什么？"随着讨论深入，逐渐看清真正的目标："让专业被看见，让服务有温度。"

4）厘清现状——多棱镜下的真相（50分钟）

这个环节可以充分运用六项思考帽。给每位参会人员分发六色便签本，对应六项思考帽。

白帽：写下三个无法辩驳的数据事实。

红帽：记录此刻最强烈的情绪感受。

黑帽：预测可能摧毁所有努力的风险。

黄帽：发现被忽略的价值闪光点。

绿帽：描绘天马行空的解决方案。

蓝帽：观察讨论过程中的模式变化。

写下之后，把便利贴按照颜色分类贴在白板上，然后邀请大家去查看，查看完之后，邀请大家表达感受与看法。

当产品经理用黑帽指出"技能认证可能加剧阿姨焦虑"时，一位阿姨代表突然举手："其实我们怕的不是考试，而是考了也没人看得见我们的专业。"这个瞬间，整个会议室突然安静——原来我们需要真正的"看见"。

在这个环节，需要明确家政阿姨对平台和用户的满意或不满的直接、间接和本质原因，分析影响满意度的因素，以及过往工作和行动对满意度的提升或降低作用。同时，梳理满意度与用户反馈、业务增长之间的关系，以便找到机会点。在整个讨论过程中，应对内容进行总结、提炼和归类，为下一步工作做好准备。

5）方案共创——从"我应该"到"我们可以"（25分钟）

基于对现状的厘清，让戴着白色思考帽的人回答过往工作情况。例如，分析哪些主动行为有效提升了满意度，哪些行为降低了满意度，并区分这些行为是由于客观因素还是主观因素造成的，从而对过往行为进行合理梳理。

戴上红色思考帽的人可以畅所欲言。例如，设想一位阿姨处于最满意的状态时是什么样的，什么会让阿姨对平台充满热情，以及在满意状态下阿姨的感受和看法是什么。通过红色思考帽，可以从不同角色的角度设身处地去思考，从而发现之前被忽视的问题，避免重复犯错。

在提出一些方案之后，需运用黑色思考帽，分析这些想法在何种情况下可能失败，存在哪些重大风险，是否充分考虑了投入和组织能力，从而使想法更务实。

在共创方案过程中，运用绿色思考帽，畅想其他公司和领域（无论是否同行）作为专业服务提供者，在提升满意度方面有哪些值得我们学习的地方。绿色思考帽有助于突破思维框架，明确方案的思路和方向。

在整个过程中，蓝色思考帽扮演主持人的角色，把握会议节奏，梳理并列出讨论内容，明确切实可行的方案。其他颜色的思考帽穿插其中。

例如，在这个案例中，最后讨论的方案是：**受向日葵画像的启发，团队制定了"空间美学师"培养计划。**

·**技能可视化**：阿姨上传服务前后的对比视频。

·**价值可量化**：开发"空间整洁指数"测量工具。

·**成长可视化**：设计从"清洁能手"到"收纳顾问"的晋升阶梯，与收入及荣誉挂钩。

6）强化意愿——行动落地，给种子合适的土壤（15分钟）

在共创方案完成后，会议主持人需整理并呈现方案要点。在这个环节，重点要运用两顶思考帽。

黑色思考帽：用批判性思维审视接下来执行这个方案存在哪些风险和必须考虑的环节。尤其对于涉及多个团队协同的项目，充分认清风险反而能打消大家的疑惑和顾虑，增强大家执行和落地该方案的意愿。虽然这看似反直觉，但事实证明，明确风险并制定预案，能使团队在执行方案时更有信心。

红色思考帽：代表情感和直觉。旨在激发每一位参会人员，尤其是核心相关人员，对执行方案的强烈意愿。

让每个人戴上红色思考帽提出问题，例如：

·如果我是平台的阿姨，当平台实施这些方案时，我的感受是什么？我脑海中会浮现怎样的美好画面？

- 当平台的阿姨对整个方案非常满意时，用户会有怎样的感受和看法？
- 公司员工和CEO又会有怎样的感受？

对这些问题的回答，有助于强化大家内心执行方案的意愿。比如可能有人会说："我想到我们服务的家政阿姨不是一个个冰冷的数字，而是活生生的人，因为我们做的这些事，她们从平台获得不错的收入，支撑起自己的家庭，想到这背后是一张张亲切的笑脸，还有她们家庭温馨的画面，就很有动力。"这种表达方式富有画面感，能够建立情感连接。

当技术负责人主动提出为阿姨开发"服务故事地图"功能时，团队真切地感受到转化正在发生——就像毛毛虫开始结茧，新的存在形态正在孕育。

当然，最后还需制定明确的行动计划，包括具体任务、衡量标准（定量或定性）、责任人、所需资源、核心相关方以及阶段回顾的时间节点。

3.工具和模型介绍——六顶思考帽

六顶思考帽是由思维训练领域的先驱爱德华·德·博诺提出的经典工具。它巧妙地运用六种不同颜色的帽子来象征不同的思考方向，引导参与者在脑暴会等活动中从多个角度全面探讨问题，从而打破思维定式，激发创新思维。

1）六顶思考帽的具体含义

白色思考帽：象征中立与客观，专注于数据和事实，为讨论提供坚实的基础。

红色思考帽：代表情绪、预感和直觉，允许参与者表达内心的真实感受。

黑色思考帽：聚焦于谨慎与风险，善于发现潜在问题和缺陷，确保方案的稳健性。

黄色思考帽：关注积极面，探索优势、机会和潜在收益，为团队带来乐观与希望。

绿色思考帽：象征创新和探索，激发新想法和新途径，推动团队突破传统思维。

蓝色思考帽：负责掌控会议流程和节奏，协调各方思考，确保讨论有序进行。

2）教练式提问

会前准备

蓝色思考帽：明确会议的整体目标、规则及时间安排。例如："本次脑暴会的核心目标是什么？"

白色思考帽：收集并整理与会议主题相关的数据和事实。例如："关于目前平台家政阿姨的数量、服务类型及用户投诉率，有哪些具体数据？"

聚焦目标

蓝色思考帽：引导参会人员明确会议目的。例如："我们今天开会主要解决什么问题？"

红色思考帽：询问参会人员对会议的期待和直觉感受。例如："你直觉认为这次会议能对平台增长问题有多大帮助？"

白色思考帽：进一步明确目标相关事实。例如："目前平台增长的关键数据指标是什么？"

厘清现状

白色思考帽：陈述已知数据和事实。例如："过去一个月内，家政阿姨的收入数据和用户投诉的具体内容是什么？"

红色思考帽：从不同角色的感受出发提问。例如："假设你是用户，遇到阿姨服务不规范时，你的感受是什么？"

黑色思考帽：提出问题揭示潜在风险和问题。例如："平台目前的运营模式存在哪些可能影响增长的风险？"

黄色思考帽：探寻积极因素。例如："平台在哪些方面已经取得了较好的成果，可作为增长的基础？"

绿色思考帽：激发创新想法。例如："有没有全新的运营模式可以解决目前的问题？"

共创方案

白色思考帽：梳理过往行动。例如："过去提升阿姨满意度的措施中，哪些取得了效果，哪些没有？"

红色思考帽：设想理想状态。例如："如果阿姨对平台非常满意，她们的工作状态和反馈会是怎样的？"

黑色思考帽：评估风险。例如："这个方案在实施过程中可能遇到哪些障碍？"

绿色思考帽：探索新方法。例如："其他行业有没有可借鉴的提升服务满意度的方法？"

蓝色思考帽：适时引导和总结。例如："我们目前提出的方案中，核心思路有哪些？"

强化意愿

黑色思考帽：分析执行方案的风险。例如："执行这个方案可能面临的最大风险是什么？我们有没有应对措施？"

红色思考帽：调动参会人员的情感意愿。例如："想象一下，当方案成功实施，阿姨和用户都很满意，你内心的感受是怎样的？"

蓝色思考帽：最后，大家共同明确行动计划，包括具体任务、衡量标准、责任人、所需资源、相关方和回顾时间等。

这种有意识的"认知换装"，仿佛在团队思维中安装了六个不同颜色的滤镜。当产品经理戴上黄色思考帽，指出"投诉数据里藏着用户真正的期待"；或是财务人员戴上绿色思考帽，提议"把服务时长转化为可兑换的成长积分"，你将清晰地看到思维容器的形状在悄然改变。

那次脑暴会后六个月，平台上线了"家的蜕变日记"功能。用户开始晒出阿姨改造的儿童房，阿姨们自发组织收纳技巧研讨会。最令人动容的是某位阿姨的留言："现在我去客户家，感觉自己不再是钟点工，而是**空间魔法师**。"

罗伯特·凯根曾说："真正的成长不是增加技能，而是转化认知。"就像向日葵，当它不再追逐阳光，而是成为光的载体时，其存在方式发生了蜕变。

团队教练的价值在于创造一个让这种转化自然发生的"光合作用场"。在这里，每个人的思考容器都被温柔地重塑，最终，群体智慧如同春天的藤蔓般自然生长，攀向意想不到的高度。

4.觉察时刻

您曾参与过的成功的脑暴会,通常具备哪些显著特征?

在上述案例中,哪些问题给您带来了启发?

在六项思考帽中,哪一项您未曾尝试过,但认为值得一试?

案例三 团队教练流程
——复盘会

1.会议背景介绍

复盘会是工作场景中一种常见的会议形式:在某个项目完成后,或者某件事情出现异常时,都会进行复盘。复盘会是一种通过回顾和分析过去的行为、决策或项目经验,总结成功与失败、发现问题并寻求改进的方法。其核心目的在于从过往实践中汲取经验,提升团队和个人的能力,推动持续改进。

复盘会通常由项目负责人或核心成员主持,参与者包括团队成员、技术支持人员等。会议内容涵盖目标达成情况、进度计划、变更需求、质量状况等,旨在通过集体反思,找到问题的根源,并制定切实可行的改进措施。

复盘会的基调应开放且鼓励坦诚面对问题,避免追责氛围,从而促进集体智慧的积累和反思学习。在实际操作中,复盘会需要充分准备,包括梳理项目数据、收集团队满意度调查结果、制作回顾视频等,以确保会议的有效性。此外,复盘会还强调聚焦问题本身而非个人,注重思考未来应对策略。

2.会议流程

采用团队教练方式召开复盘会,能够激发团队的潜力,保持开放度,聚焦于如何通过对过去的思考总结来指导未来的工作。

1)案例背景

一家电子消费品公司,某一批次的产品出现了质量问题,收到了大量用户投诉,公司对这些产品进行了召回。希望通过一场时长为120分钟的复盘会,搞清楚问题的原因,并制定出改进方案,以帮助提升产品质量,避免类似问题再次发生。

2）会前准备

和相关方明确复盘会目的

在日常工作场景中，提起复盘容易引发抵触情绪，因为在一些情况下，复盘会与追责挂钩。如果不明确目的，复盘的效果将大打折扣。因此，会前需要与涉及部门的负责人明确复盘的目的，让他们清楚复盘不是为了追责，而是为了找出根本原因，规划未来的工作方向。（注：如果是为了追责，可以单独以"质量事故调查"的方式进行。）

收集和整理客观的数据与信息，对事实进行描述

这样做的目的是避免在复盘会现场还在补充事实或进行辩论，从而降低会议的效果。如果涉及的环节较多，一个人完成所有准备工作较为困难。此时，会议组织者应明确会前准备的内容，将其作为一项任务布置给参会人员，并约定好完成时间。拿到材料后，组织者要及时与提供材料的人员沟通，确保材料在客观事实方面尽可能完备。

明确参会人员及其角色

确定参会人员及其在会议中的角色贡献，并在发出会议邀请时讲清楚。

相关案例准备

会前可收集整理公司内部和行业内类似质量问题的案例、原因及改进措施，供会议中借鉴和使用，以拓宽大家的视野，提升复盘会的效果。

3）聚焦目标（15分钟）

会议开始时澄清目标和原则

会议组织者清晰阐述会议背景，解释召开此次会议的原因及事前确定的核心目的，比如明确此次会议不是为了追责，以此减轻参会人员的心理负担。简要说明会议原则，例如采用非暴力沟通（事实、观点、感受、需求、要求）、有话要直说、善意假设等。

介绍复盘会的流程

首先查看目标和事实情况，接着找出事实与目标的差异，分析哪些差异是好的，哪些是不好的。之后剖析差异背后的原因，探究为什么会出现这些情况。最后，讨论和总结好的方面如何延续，不好的方面怎样改进，以及哪些事情需要新开展，哪些不需要做。

确定会议目标

根据会前准备，明确本次复盘会的目标是找出质量问题的直接、间接和系统原因，并讨论出解决方案。此外，可通过提问"你对这次复盘会有什么期待？"，了解参会人员对会议目标的理解是否存在偏差。

4）厘清现状（60分钟）

补充信息

邀请参会人员简要描述已知信息，或提前阅读会前准备的材料。之后，针对事件情况，询问"您是否还有其他补充内容？"此步骤旨在完善客观信息，避免偏差。

产品质量问题通常涉及多个岗位、角色和部门，如软件产品、硬件产品、软件研发、硬件研发、质量管理、供应商管理，以及销售和售后环节。有时也可能是用户使用不当，或产品说明、操作指引存在问题等。会前准备材料可能存在盲区，因此需邀请相关各方补充信息，尽可能完善。

明确现实与目标的差异

可通过数据呈现或补充完成。可向参会人员提出以下问题："现实情况与预期目标还有哪些差异？""这些差异中，最需要关注的是哪几项？"这有助于将讨论聚焦于可能引发质量问题的关键环节和节点。

深入挖掘原因

针对各环节出现的差异，回顾原计划预计通过哪些关键动作落地执行，以及实际执行情况。通过这样的问题引导大家深入挖掘，找出导致数据差异的行为。进一步探究这种情况出现的原因，例如是意愿问题、能力问题，还是资源或机制问题。找出根本原因至关重要，否则解决问题只能停留在表面，无法从根本上避免类似情况再次发生。

深挖原因在整个复盘会中充满挑战，因为这可能引发参会人员内心的抵触，例如被误认为是批评。因此，会议组织者需格外注意把控现场气氛。出现评论性言论时，可通过提问方式，如"您是否是想表达……"，引导大家描述事实和期待，从而区分评论与情绪。

在深挖原因的环节，可使用鱼骨图、5W1H分析法等工具。

5）共创方案（30分钟）

在厘清现状部分，若能看清差异及其背后的直接和间接原因，相对容易明确接下来该做什么。

确认目标

有时我们容易陷入思维框架，只关注既定目标，而在复盘会议中，反思目标至关重要。例如，出现质量问题时，可能会发现某些环节原定目标"30天交付"并不合理，需思考该目标是否合理，可能需要35天而非30天。因为30天交付的目标不仅仅是按时交付产品，更是要确保产品交付时质量良好，并满足铺货和宣传的需求。因此，重新审视并确认目标与其背后目的的一致性，是共创方案中非常重要的一部分。

探索方案

可通过几个提问来探寻可行方案。

· 在刚才讨论的所有原因中，哪些做法可以继续，哪些需要马上停止，哪些需要加强，哪些需要新增？

· 公司是否曾出现过类似问题？原因是什么？如何解决的？如何避免再次出现？

· 行业内其他品牌商是否曾出现过类似问题？原因是什么？如何解决的？

探讨方案的可行性

讨论实施这些方案需要具备的能力、建立的机制、获取的资源，以及如何设置关键节点（milestone）、通过何种反馈数据系统进行衡量。通过这些提问，引发相关人员进行讨论和确认。在方案制定出来后，可通过总结或在白板上快速书写的方式将其明确化，以避免理解偏差。

6）强化意愿（15分钟）

当方案制定出来后，可通过以下问题的探讨强化意愿，确保方案得以实施。

- 如果这个方案能够完全执行，是否可以避免此类质量问题再次发生，同时防止未来出现类似问题？
- 当前方案在实施过程中可能遇到哪些挑战？需要制定哪些预案并做好哪些准备工作？出现异常情况时的解决机制是什么？
- 询问每位参会人员所在部门及负责模块，在方案实施中完成这些工作的信心指数是多少？如果实现之后，对你意味着什么？

在强化意愿环节，会议组织者需要做好收尾工作，明确本次讨论的复盘结论、阶段性跟进的关键节点和跟进方式。此外，管理者要特别表达感谢，感谢大家在复盘会中的贡献与付出以及坦诚交流，即便过程中出现了一些冲突和情绪，也都是为了把事情做得更好。强调这一点是为了避免因复盘讨论中的冲突，使基于事实的讨论演变成人际关系的冲突。因为**健康的冲突是基于事情本身，且不会对人际关系造成损害**。

虽然本次复盘是针对质量问题，但在处理过程中，也有许多做得好的地方。因此，管理者在最后总结时，要强调这些正确做法的意义和价值，以及通过复盘找出的问题和机会点落地后的影响和意义，将高质量的产品交付给用户，收获良好口碑。

3. 工具和模型介绍

1）KISS模型（见图5-4）

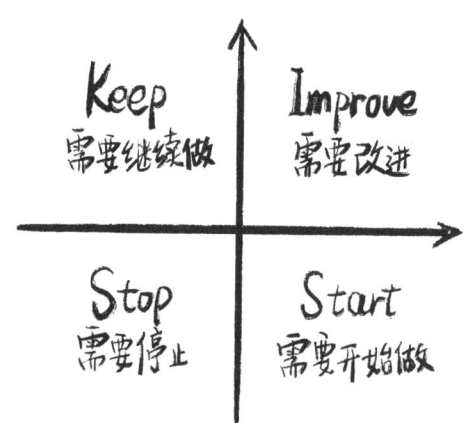

图5-4　KISS模型

在原因分析后，总结哪些继续做（Keep）、哪些需要改进（Improve）、哪些需要停止（Stop）、哪些需要开始做（Start）。

2）PDCA循环（见图5-5）

包括计划（Plan）、执行（Do）、检查（Check）、处理（Act）四个阶段。计划阶段确定目标和计划；执行阶段按计划执行；检查阶段对比实际结果与目标，找出偏差；处理阶段总结经验、制定改进措施，并将未解决问题转入下一个循环。

图5-5　PDCA循环

复盘时，借助该工具可梳理工作全流程，分析各阶段的成效与不足。例如在产品研发项目复盘时，查看计划功能是否按进度开发，测试中发现的问题是否及时处理等，引导思考如何优化后续项目的计划与执行流程。

3）鱼骨图

又名因果图，将问题的原因分为人、机、料、法、环等几个方面（鱼头为问题，鱼骨为各类原因）。复盘质量问题时，可清晰呈现导致问题的各因素及其相互关系。

例如，电子消费品出现质量问题时，从设计、研发、人员操作、设备故障、原材料质量、生产工艺、生产环境等维度进行分析，便于参会人员全面思考问题根源，针对性地讨论改进措施。

4）5W1H分析法

从What（是什么）、Why（为什么）、Where（在哪里）、When（何时）、Who（谁）、How（怎么做）六个方面剖析事件。

复盘项目时，通过这些问题明确项目的目标、原因、地点、时间、参与人员和执行方式，可系统梳理项目情况，挖掘潜在问题。例如回顾市场推广活动，可思考活动内容、举办原因、地点选择、时间安排、人员分工及活动方式等是否合理有效。

4.觉察时刻

你参加过的复盘会中，失败的复盘会主要是因为什么？如果采用团队教练的方式，主要应改变哪些方面？

如果你组织一场复盘会，会采用上述案例中的哪些思路和方法？

你身边有哪些同事或朋友主持复盘会很成功？他们的成功要素是什么？

CHAPTER

6

第六章

管理者的自我进化

> 社会化心智（Socialized Mind）的领导者活在他人期待中，自我转化心智（Self-Transforming Mind）的领导者活在对可能性的探索中。
>
> ——罗伯特·凯根

前几章着重探讨了教练技术的核心技能与实践应用。本章则将视角转向管理者自身，指出**管理者唯有持续进化，方能真正驾驭教练式管理**。通过培养成长型思维、践行三大原则以及升级心智模式，管理者将在助力团队成长的过程中，实现自身内外兼修的蜕变。

我还记得，在我刚刚开始学习教练技术的时候，一位资深的老师对我们说：**"教练是一生的修行。"**

教练宛如一面镜子，当我们支持客户时，其实也是在不断地擦拭这面镜子，去除污浊与灰尘，使其变得更加清澈明亮。这样既能更好地帮助客户清晰地认识自己，也能帮助我们更好地审视自身。

这句话对我产生了深远的影响。在过去十年学习教练技术的过程中，我感触颇深。只有当我们对自我的探索不断深入，才能更好地支持下属开展自我探索。作为管理者，若心智不够成熟，便难以有效运用教练技术。这就好比练习武功，如果内力不足，就难以驾驭沉重的武器，而教练技术本身就是一个内外兼修的过程。

6.1 成长型思维：教练式管理的底层思维

卡罗尔·德韦克是斯坦福大学的心理学教授，她在《终身成长》一书中提出的成长型思维，是教练式管理者所共同具备的特质。与之相对的固定型思维，犹如枷锁，限制了管理者与团队的潜力。

为什么说教练式管理者普遍具备成长型思维呢？与固定型思维主导的管理者进行对比，将有助于更好地理解这一问题。

6.1.1 面对能力

成长型思维的管理者

他们认为天赋和良好的学历背景固然重要，但这并非决定性因素，而只是一个良好的起点。他们将能力视为可塑的，愿意给予员工支持与辅导，助力下属提升能力。

我曾经带领过一位学历普通但对工作充满热爱的下属。她虽无光鲜的履历，却对职业充满热忱。我选择相信她的潜能。最终，她不仅成为团队的核心成员，还在晋升后践行了同样的理念：在面试时更关注候选人的热爱之情，而非其过往的标签。

这类管理者坚信：**天赋只是起点，而努力才是通往终点的关键**。他们通过支持与辅导，将"普通员工"雕琢成"明日之星"。

固定型思维的管理者

固定型思维的管理者更像是"淘金者"，只专注于寻找现成的"金子"。他们依赖学历与经验的标签，将员工划分为"可用"与"无用"两类。他们很少去挖掘员工的潜能，即使员工有所进步，他们也可能视而不见，很少给予员工辅导，任由员工自行发展。这类管理者常常抱怨"团队能力不足"，却未曾意识到，正是他们固化的视角限制了团队的发展。

6.1.2 面对挑战

成长型思维的管理者

具备成长型思维的管理者，思想不固化，愿意持续学习并迎接挑战。他们追求的不是证明自己，而是持续的成长与突破。因此，面对挑战时，他们会主动迎接挑战，通过挑战实现更大的成长，并鼓励下属直面挑战。

一位企业创始人曾指出：

"持续成长的秘诀在于：一是寻找规律——复杂问题背后总存在着共通的'道'；二是挑战极限——只有突破舒适区，思维和能力才能实现升级。"

这就好比游戏中的"打怪升级"过程,管理者需要主动带领团队迎接更高难度的任务。

固定型思维的管理者

固定型思维的管理者将挑战视为"威胁",他们忙于证明自己"永远正确",并用权威压制不同的异议。

结果是,团队逃避创新,在舒适区停滞不前。

6.1.3 面对挫折与失败

成长型思维的管理者

成长型思维的管理者将失败转化为个人和团队成长的"养分"。遭遇挫败时,他们能够迅速调整并恢复状态。当团队遭遇重大挫败时,他们不会轻易否定整个过程,而是会带领团队共同反思复盘,总结经验教训,为未来做好准备。

某公司高管因决策失误造成巨额损失,向首席执行官请辞,首席执行官却回应道:

"你用数百万美元换来的教训,怎能轻易放弃?"

正如电影《卡特教练》中所展现的那样,当他们最终输掉比赛时,卡特教练并不认为大家是失败者,只是输掉了这场比赛。他能看到每个人都已尽力拼搏,每个人都成为了更好的自己。

固定型思维的管理者

固定型思维的管理者在面对挫败与失败时,会认为这件事毫无意义和价值,白费力气。在他们眼中,失败毫无意义。

这种否定的态度扼杀了可能性,对失败的苛责导致团队成员恐惧犯错,最终陷入"不做不错"的恶性循环。

正如《终身成长》一书中提到的,波比·奈特是一位富有争议的大学篮球队著名教练。他是典型的固定型思维的代表,无法接受团队比赛失败,将每一场输球都视为对自己的否定,任何失败都足以摧毁他。输球对他而言意味着失败,因此他会无情地诋毁那些令他失望的球员,用侮辱性的语言辱骂他们,导致球员情绪低落,失去信心和热情,整个团队的气氛非常糟糕。

他与卡特教练形成了固定型思维教练和成长型思维教练的鲜明对比。

6.1.4 面对负面反馈

成长型思维的管理者

成长型思维的管理者在听到不同意见和建议时,不会关闭自己的心扉,而是带着好奇和开放的心态去倾听。

他们更加开放、包容,愿意倾听负面反馈,将这些反馈视为珍贵的礼物。这些反馈可能来自上级、同级,甚至是下属。他们不会仅仅听取上级的负面反馈,而是主动向下属征求反馈,甚至鼓励"逆耳忠言"。

一位管理者曾分享道:

"当下属批评我'过度干预'时,我意识到,如果不放权,团队将永远无法实现独立。"

因此,他们也会主动给予下属负面反馈,帮助下属像照镜子一样反思自身,而不是选择逃避或忽略问题。

固定型思维的管理者

以固定型思维为主导的管理者会用防御心态筑起高墙,将负面反馈视为"冒犯"。他们以"经验丰富"为由进行自我辩护,却错失了改进的机会。

因此,具备成长型思维的管理者能够更好地运用和学习教练技术。他们能够看到每一位下属的独特之处,认识到每个人都有潜能,会激励团队中的每一位成员成为更好的自己。他们不会认为失败或犯错是灾难性的,而是将其视为成长过程中的必经之路。他们的目标不是证明自己有多厉害,而是希望成就团队中的每一个人,让团队获得成功,从而促进组织的发展。

表6-1为成长型思维管理者与固定型思维管理者对比。

表 6-1　成长型思维管理者与固定型思维管理者对比

维度	成长型思维管理者	固定型思维管理者
面对能力	能力是可以培养的，更看重努力	仅看重过往的学历和经验标签
面对挑战	主动迎接挑战，视为成长和突破自我的机会	将挑战视为威胁，忙于证明自己，树立权威感
面对挫折与失败	将挫折与失败视为成长的养分，从中学习	认为挫折与失败是灾难，否定所有的付出和努力
面对负面反馈	开放地面对负面反馈，视为成长的礼物	将负面反馈视作"冒犯"，拒绝和逃避

6.2 教练式管理者需遵循的三大原则

6.2.1　第一个原则：以人为本，视人为人

教练式管理者坚信：人是目的，而非工具。

某外企管理者常年采用"救火式"管理，导致团队过度依赖。通过教练对话，他意识到自己更像是"永远在修枝的园丁"，而非"培育生态的护林员"。转变管理方式后，团队逐渐独立，他得以腾出精力迎接新的挑战。

所有事情的背后都是人，只有激发每一位员工的潜能，才能取得更好的业绩和成果。教练式管理者会看到员工的优势和天赋，能够尊重并接纳彼此的差异，他们不会把员工当作工具或棋子，用得上时就用，用不上时就直接放弃或裁掉。

他们将团队成员视为真正的伙伴与战友，大家共同攻克难关，取得良好业绩，形成互相成就、共同托举的关系，而不是在下属拖后腿时就轻易放弃团队成员。

6.2.2 第二个原则：相信慢就是快

一个人的成长和改变是一个缓慢的过程，他们愿意投入时间促进员工的成长。他们可以暂时放弃一些短期利益，而关注员工的持续、长远发展。

《高绩效教练》一书提到，如果重视**工作品质**、**希望最大化学习效果**、**提升员工敬业度和留存率**，那么教练式管理能有效帮助实现这些目标。

吴士宏在得到平台上分享的"教练式领导力"也提到，当下属求助时，你可以直接告诉他怎么做，快速给出答案，可能3分钟就能解决问题。但这种方式容易形成依赖，当下次遇到类似问题或问题稍有变化时，他仍会来求助。相反，如果你采用教练式管理，积极聆听下属，提出有力问题激发其主动思考，虽然可能需要20分钟，但他能获得真正的成长。

吴士宏的比喻一针见血地指出：

"你愿意重复100个3分钟，还是投资10个20分钟？"

这便是"短视陷阱"与"长期主义"的对比："短视陷阱"是直接给出答案（3分钟搞定），而"长期主义"则是通过教练式提问激发思考（20分钟）。

听到这个问题，可能很多管理者会说：当然是后者。

然而许多管理者却在不断重复这种3分钟的快速解答方式。前不久，我为一位外企的资深管理者进行了教练辅导。他说，他目前面临一个新机会，不知道是否应该去迎接。他手头上的事情很多，且极具挑战性，团队表现也不够给力，即使在他休假的时候，电话仍然不断，这让他感到非常头疼。新的机会对他的长远发展很有帮助，但他又感觉脱不开身，因为团队无法独立运行，对他的依赖性太大。

通过教练对话，他看到了自己在管理上的问题。他在日常管理中主要采用英雄式亲自上阵或导师式提供建议的方式，这种做法导致团队成员对他形成了依赖。因此，当新的机会出现时，他无法抽身。

最终，他选择迎接新的机会，同时在管理中更多地运用教练式管理（他目前正在学习教练式管理技术），帮助团队成员提升独立性。

因此，慢就是快，不仅可以帮助员工成长，同时也能助力管理者自身的长远发展。

6.2.3 第三个原则：直面挑战

作为教练式管理者，他们会选择直面挑战，无论是事情层面还是人际层面。正如瑞·达利欧在《原则》一书中所写："**痛苦 + 反思 = 进步**。"他们相信成长和进步会伴随着一定的痛苦，因为这需要推动员工走出舒适区，可能会有不适、痛苦甚至撕裂感，这就好比健身时的拉伸过程，伴随着疼痛。如果不去面对，选择逃避，就很难获得成长。

正如前面沟通绩效案例中的管理者，当下属的自我认知与管理者对他的评价存在较大差异时，如果直接指出这种巨大的差异，可能会给下属带来痛苦。然而，如果能够反思痛苦背后的"信号"，这将是成长的契机。如果管理者相信"痛苦 + 反思 = 进步"，那么他们就敢于通过提问与反馈，为下属揭示这一"痛苦"。对于管理者来说，这需要很大的勇气，因为任何人都不想面临冲突和不愉快。但如果不去直面问题，下属将始终看不到自己的问题。

作为教练式管理者，其职责本身就是激发下属的潜能，同时唤醒他们的觉察，帮助他们发现自身的盲区。只有这样，才能更好地帮助员工获得成长。因此，教练式管理者需要具备直面挑战和冲突的勇气。

6.3
工作生活同频进化

教练式管理不仅是一种技能，更是一种身心合一的生命状态。

那么，持续运用教练式管理的管理者及其团队，长期来看会呈现出怎样的状态呢？

6.3.1 个人活出内外一致性

从个人角度来看，他们会相对比较轻松、自洽、内外一致。这是因为他们做到了以下几个方面。

1. 具有很强的觉察力

正如《高绩效教练》提到的：教练其实就是情商的练习场。

当他们运用教练的方式与员工沟通时，需要觉察员工的情绪，看到员工的真实意图，洞察员工未言明的真实想法。这要求管理者具备很强的情绪觉察力、感知力，以及对人心和人性的洞察力。

2. 具有比较清晰的自我认知

他们会深入探索自己的愿景、使命、身份、价值观等，明确自己想要成为什么样的管理者，带领出一支怎样的团队。

他们会思考并明确自己长远的职业发展目标是什么，自身有哪些优势，以及如何在工作中发挥这些优势。

3. 能够做到内外一致

他们经常与自己的内在进行对话，倾听内心真实的声音，与自我深入连接，依据价值观做出选择和判断。

他们敢于面对真实的自己，面对自己的脆弱，对人对己都保持真实和真诚，逐渐活出身心合一的状态。

内外一致的最大价值是减少内心消耗，即"不内耗"。不消耗自己，也不消耗他人，而是将能量投入到积极而有意义的事情之中。

6.3.2 构建信任关系的团队生态

从团队状态来看，教练式管理者通常以愿景、使命、价值观来驱动和凝聚团队，团队士气较高，更容易打造出高绩效团队。

团队成员之间是平等的伙伴关系，营造出坦诚开放的沟通氛围。建立双向沟通机制，而非单向输入，成员可以畅所欲言。

所构建的团队通常是以信任驱动,而非恐惧驱动。他们鼓励团队中的每个成员成为更好的自己,团队氛围相对和谐融洽,彼此之间的信任程度较高,协作良好。

6.3.3 营造和谐友爱的家庭氛围

当教练式管理者不断提升自己的觉察力和同理心,活出身心一致的状态时,这种状态也会体现在与家人的互动相处中,从而使家庭更加和谐友爱。

我见过几位这样的管理者,他们自从学习了教练技术后,与孩子的亲密关系变得更好了。他们能够很好地觉察孩子的情绪,运用教练的方式与孩子沟通互动,给予孩子尊重。

一位学习了教练技术的管理者说:"学习教练技术后,我不再对孩子说'你应该怎样',而是问'你觉得可以怎么做?'家庭关系也从'管控'变成了'伙伴'。"

我也是受益者之一。我有两个孩子,一儿一女。在生活中遇到问题时,我会运用教练式沟通的方式与他们对话。我相信他们内在资源丰富,能够自己找到解决问题的答案。遇到问题时,我会更多地从逻辑层次的上层(愿景、身份、价值观)与他们进行沟通,提升他们的内在动力。我会鼓励他们成为自己,而不是我期待的样子。对他们来说,我除了照顾他们的饮食起居,更像是朋友和伙伴。

通过学习和应用教练技术,既能助力事业成功,也能促进家庭幸福。(见图6-1)

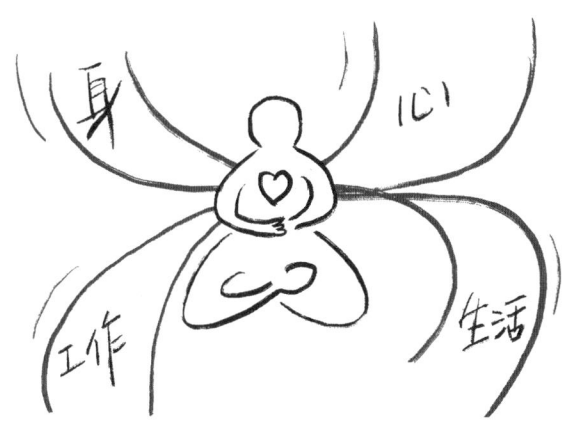

图6-1 工作生活同频进化

6.4 匹配的心智模式

6.4.1 心智成长的四个层次

选择成为教练式管理者时，我们希望在日常团队管理中，以成长型思维为基础，在践行三大原则的过程中，呈现出卓越的"教练状态"：全然倾听、有力提问，为下属创造转变机会，同时对自己保持觉察，清楚自己所处的行为模式和心智层次。

在刻意运用教练技术的技巧、方法和工具时，我们会好奇并探究：是什么在影响这些技巧、方法和工具的运用？为什么有时候会用得很好，而有时候却流于形式？我可以做些什么，让自己更游刃有余地运用它们呢？

这些问题的答案都可以通过刻意的心智成长来获得。

心智模式（mind-set）是指深植于我们心中，关于我们自己、他人、组织及周围世界各个层面的假设、形象和故事。它受到习惯思维、定势思维、已有知识的限制。

心智模式一词由苏格兰心理学家肯尼斯·克雷克（Kenneth Craik）于20世纪40年代提出，之后被广泛采用。从行为模式与心智模式的关系来看，行为模式是心智模式的外化，体现了人们的行动特点和逻辑。不同的心智模式会影响我们对事物的看法、决策和行动。例如，在成人发展阶段中，不同阶段的心智模式特点有所不同，深刻影响我们看待自己与世界的方式。

不同的心智模式的进阶即为"心智成长"。我们两位作者深受罗伯特·凯根及其学生珍妮弗·加维·贝格的理论与实践的影响与启发，在工作和教练实践中理解和运用其理论，感受到在"心智"维度的刻意发展不同于知识学习，而是"转化"，即改变我们了解和看待世界的方式。这就好比不是往玻璃杯中装水或牛奶，而是改变了玻璃杯这个"容器"。

这种"转化"，可能体现在一线专家晋升为管理者后，忽然意识到不能仅依赖自己完成工作，而是要授权团队成员共同完成工作；也可能体现在本书前面的个人教练对话案例中，忽然发现不仅拿到结果重要，成为优秀的运营经理，与他人协同同样重要……"转化"的本质是：**客观存在并未真正改变，而是我们对世界的理解与感知发生了变化。**

如果在教练式管理的实践中，多让这种"转化"发生，能够为我们自身及支持的下属带来更广阔的视角和视野，拓展探索的空间。

这种"转化"会以碎片化、不稳定的场景出现。如果要让这种"转化"持续稳定在某个阶段，就需要借助"心智成长"。

哈佛大学教授罗伯特·凯根（Robert Kegan，1946年出生）是当代发展心理学和教育学领域的顶尖学者，以研究"成人认知发展"和"心智复杂性进化"理论闻名。他的工作融合了心理学、哲学和教育学，对个人成长、组织发展及领导力研究产生了深远影响，被《时代》杂志誉为"最具影响力的心理学家之一"。

罗伯特·凯根教授提出的"心智成长"理论，将人类意识成长划分为四个阶段：以我为尊、规范主导、自主导向和内观自变。这些阶段反映了个体在不同生命阶段对世界认知和理解的变化，以及选择何种视角。

1. 以我为尊（Self-Sovereign Mind）

这一阶段通常出现在青少年时期，占比6%。此时，个体认为自己是世界的中心，行为主要围绕个人需求和欲望展开，外在奖赏比内在价值观更重要。

需要注意的是，在日常工作和交流中，我们可能会遇到某些情况，处于"以我为尊"的状态。例如，在第四章中，王燕对于绩效的评定认知，一开始有强烈的"就是按我认为的标准来"的想法。

2. 规范主导（Socialized Mind）

这一阶段是大部分成年人的主要心智模式，占比58%。个体开始从外部规则和社会期望中寻找方向，忠于所属的组织或群体，以满足他人的期望为目标。

在第四章的一对一教练辅导案例中，王帅把"晋升成功＝职业有发展"，将外界的"35岁魔咒"套在自己的身上，是这个阶段心智状态的一个样例体现。

3. 自主导向（Self-Authoring Mind）

这一阶段是少数成年人能够达到的，占比35%。个体开始摆脱外部规则的束缚，形成独立的价值观和决策体系，能够自我激励并为自己的生活负责。

教练式管理者，如镜子般在照见下属的过程中，逐渐深化成长型思维的认知，相信每个个体都充满了天赋，只是需要合适的契机去激发。这个过程会形成"以人为本、以人为目的"的管理理念，沿着这套理念生长出的决策体系，就是一种"自主导向"心智模式的运转状态。

当然，带着这份自我认知与觉察，在生活中与孩子、爱人、父母、亲朋好友相处时，能够不为外在和他人的评价所影响，这也是我们通常所说的"内核稳定"。

4. 内观自变（Self-Transforming Mind）

这是心智发展的最高阶段，占比1%。个体能够接纳内外部的声音，超越个人利益，实现与世界的和谐统一。

处于这一心智阶段的管理者，践行自己的价值观与信念，却不被其束缚，可以随时刷新与创造，尽可能地缩小"我"（ego），让"我们"和"周边的一切"成为主角。

例如，微软首席执行官萨提亚·纳德拉能够刷新认知与理念，看到复杂度与丰富性，带领团队和组织实现巨大变革；又如华为创始人任正非看待问题时，不以非黑即白的方式评判，而是看到灰度部分以及危机中的机会与挑战，不局限于传统的商业模式，而是应对VUCA环境中的危与机，带领组织勇敢航行，不是躲避巨浪，而是冲浪。

图6-2是心智层次成长地图。

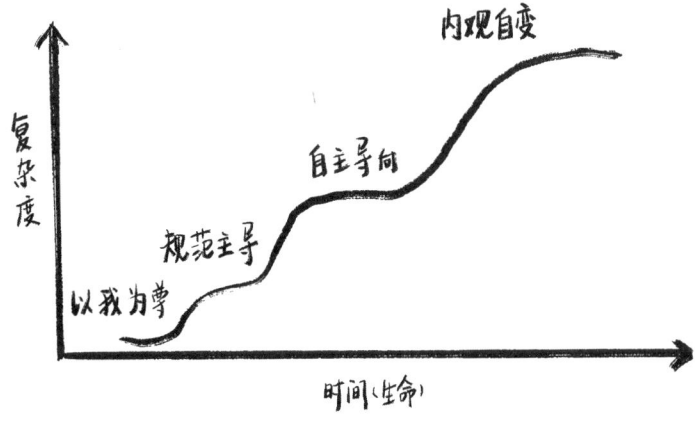

图 6-2　心智层次成长地图

6.4.2　心智层次在教练式管理中的体现

不同的心智阶段在教练对话中是如何发挥作用的呢？

我们以第四章案例中提到的王帅为例：当王帅晋升失败时，开始思考是走专家路线还是管理路线，同时面临35岁的职业危机。此时，外部公司提供了机会，于是他去尝试了。

处于规范主导阶段的王帅，会特别注重外部的规则和指引——环境在告诉他，在什么年龄应达到什么职级，否则会有危险；晋升成功，才是组织足够重视的表现；如果带领团队，只能走管理路线，不能做技术专家。（其实作为技术管理者，依然需要在技术专业上不断精进）

当以这些外部规则和指引作为决策和行为的依据时，王帅会在"晋升失败"这样的时刻陷入困惑。此时，如果主管以自主导向的心智与王帅一起探索："我内心的声音是什么？我的情绪和感受如何？我有哪些信念和渴望？"这将体现未来的职业发展和期望的生命状态。这种探索会让王帅从"他人如何看"的视角，转化为"倾听我内在的声音"。

"这并不意味着我们不在乎来自他人、社会或工作中的观点，而是当这些来自外界的观点相互冲突时，我们不会在危机中迷失自我。我们会认为这是一些需要解决的难题，而我们自主导向的心智层次可以帮助我们做出决策。

在自主导向的心智层次下,我们保护和捍卫的身份,是我们为自己建立的内部操作系统,也就是我们的价值观和信念体系。在进行自我保护的时候,我们会觉得理所当然,因为相比其他人的想法和观点,我们更看重自己的判断。"(珍妮弗·加维·贝格,《走出心智误区》)

在教练式管理的沟通中,基于不同的心智状态的探索,能够创造觉察,带来"顿悟时刻"。这是一种理想的教练状态,高度依赖教练的自我觉察,即教练对自己的心智状态有清晰的认知。

不同的心智阶段如同一幅航海图,可以看到不同路线所指向的海域与世界,以及这些海域与世界之间的衔接与变化。

不仅是教练对话,在领导者不同的成长阶段(见图6-3),也可以通过心智的刻意成长,在各个阶段都能游刃有余。

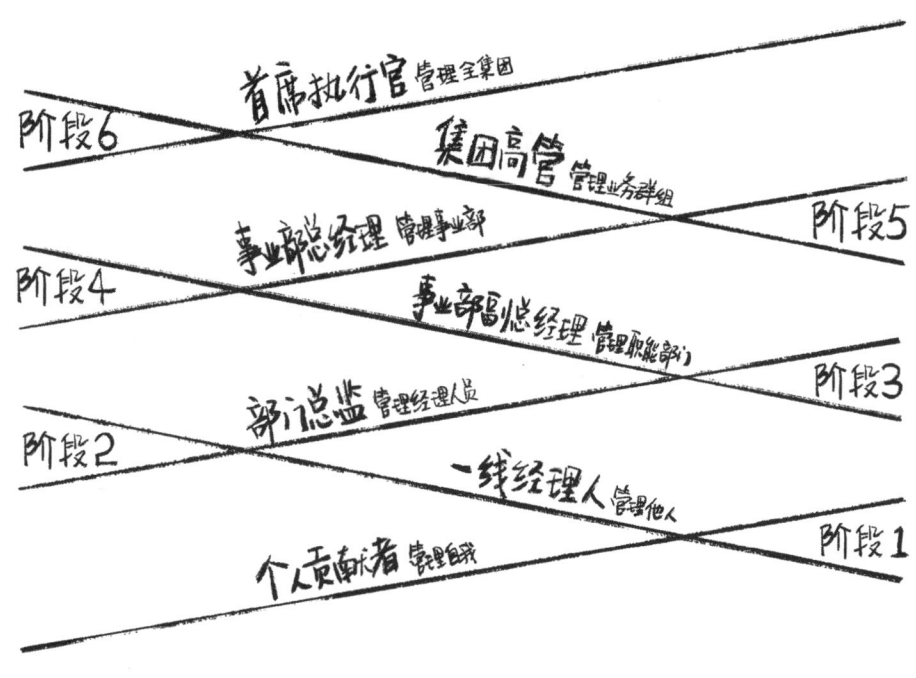

图 6-3 领导梯队阶梯图

管理者若想熟练运用这一理论,就需要先从自我的心智成长开始。这是一条不容易的路,也是一条能让人走入更宽广、更深邃世界的路。

6.5 持续精进之旅

如何以教练作为一个修炼场，修炼出一条通往更宽广、更深邃世界的道路呢？（见图6-4）

图6-4 持续精进之旅

当我们刚入职场时，特别期待主管或其他同事的指导，希望在一些事务中得到手把手的教导，从而取得令人振奋的成果。然而，随着我们经历一次次的成功与失败、顺境与挑战，所负责的工作内容和情境复杂度都在增加，主管对我们的期望也在提高。

此时，我们清楚地意识到，指导已不足以帮助我们应对问题，也不能总是依赖主管的指导。如果主管能够通过教练的方式，帮助我们自我反思，看到盲区、不同视角、更多可能性以及我们内在的潜力，这将为我们带来新的动力，找到不同于以往的行为和思维方式，在工作方式和结果上创造新局面。

这种过程中的"成长感"与"创造感"是极其珍贵的。

如果以上画面是我们所期望的，那么现在我们就有机会通过教练式管理为我们的团队创造出这样的工作场景：**看到潜能、探索可能**。

传统管理者如同熟练的园丁，手持剪刀将枝桠修剪成统一形状；而教练式管理者则是培育野生花园的生态学家。他们深知：**真正的生长发生在修剪刀够不到的根系深处，需要的不是修剪，而是培育和等待**。

例如：

将"为什么完不成目标"转变为"哪些障碍让你看见新的可能？"

以用户画像取代业绩看板，把会议桌变为故事交换站，问"用户对此会如何看待？"

在季度复盘中加入"认知天气报告"："未来可能会发生哪些变化，让我们的原有工作方法失效？我们可以为此做何种准备？"

当设计师抱怨"用户根本不懂审美"时，反问："如果把这个界面拿给敦煌画师看，他会如何重组色彩模块？"

用"一年后的用户会如何评价这个方案？"取代"本周必须交付"的命令。

……

带着全然的倾听、有力的提问、适当的反馈，以成长型思维为基础，尝试实践教练式管理，从"我"到"他"再到"我们"转变视角；从"关注事情"到"关注事情背后的人的行为、情绪、需求和假设"；从"只有这样才可以"到"你如何思考和理解"；从"很多事情难以改变"到"我相信可以做出对我们最好的选择"……

追求持续成长，团队氛围充满安全感，敢于冲突又充满信任。这样的团队，获得高绩效是自然而然的结果。

此时，管理者自身的成长也会出现。助人达己，成长发生在这些时刻：

· 每一次觉察到内心的否定、评判之声但忍住了的时候；

· 每一次觉察到自己的抵触情绪乃至生气、愤怒但让情绪走开的时候；

· 每一次很想给答案但悄悄深呼吸，然后问出"你是如何看待，有什么想法"的时候；

· 团队成员给出眼前一亮的思考与解法的时候；

· 团队成员脸上的愁容消失，对接下来要做什么生出让人感动的笃定的时候；

· 在教练式管理结束之后，团队成员被其他合作方反馈"哇，简直像换了一个人"的时候……

此时，教练式管理者能够感受到教练的魅力：生命影响生命，对话孕育无数可能。

管理者要在教练的道路上持续探索。除了3个元技能（积极倾听、有力发问、有效反馈）的熟练运用、成长型思维和三大原则的践行之外，在复杂多变、充满不确定性的世界中，也需要投入足够的精力并重视对自我的关照。

每天给自己一个"留白"的时间，不做任何安排，离开电子产品，进行冥想、静坐、站桩、深呼吸练习，或者到大自然中走一走，与自己独处。

投入精力和时间在自己的爱好之中，如绘画、乐器、运动、阅读等，使之成为能量的来源之一。

在工作与生活中保持自我的一致性——思维模式、行为模式、与他人的相处、内在所想与外在所行，以避免不必要的消耗。

经营好亲密关系、亲子关系，使用"爱的五种语言"（欣赏的言辞、精心时刻、真心服务、礼物、身体接触）去表达爱和感受爱。

定期撰写情绪觉察日记或复盘日记，审视自身状态——情绪、背后的触发点、行为模式、深层的信念和假设等。越了解自我，越能在情境中保持觉知。

持续探索、回顾与总结适合自己的其他任何有助于内心平静和精力充沛的方法。

充满能量且保持觉知的"我"，能够将教练技术游刃有余地应用于管理当中，在启发团队成员的同时，收获成长。

此时，你会意识到，在工作中，除了交付工作结果，正是因为对"人"

的好奇以及对无限可能的信念，团队氛围开始发生变化，带来令人惊喜的成长。

作为教练式管理者，回顾每天的工作，内心充满成长与创造的喜悦。

觉察时刻

在日常的工作和生活中，你以哪种思维模式为主？是成长型思维还是固定型思维？这对你有何启发？

学习教练技术后，对你的工作和家庭产生了哪些影响？或者你打算做出哪些具体改变？

你认为自己的心智主要在哪个层次？打算如何进行提升呢？

回顾过去一天或最近一段时间，哪些情境消耗能量，哪些情境能获得能量？你有何发现？

在持续的精进之旅中，你打算从何处开始？

参考文献

［1］约翰·惠特默.高绩效教练（第5版）［M］.徐中，姜瑞，佛影，译.北京：机械工业出版社，2019.

［2］戈尔曼.情商：为什么情商比智商更重要［M］.杨春晓，译.北京：中信出版社，2010.

［3］玛丽莲·阿特金森.唤醒沉睡的天才［M］.古典，王岑卉，译.北京：科学技术文献出版社，2012.

［4］玛丽莲·阿特金森.被赋能的高效对话［M］.杨兰，译.北京：华夏出版社，2015.

［5］保罗·赫塞.情境领导者［M］.北京：中国财经出版社，2010.

［6］卡罗尔·德维克.终身成长［M］.楚祎楠，译.南昌：江西人民出版社，2017.

［7］珍妮弗·加维·贝格.领导者的意识进化［M］.陈颖坚，译.北京：北京师范大学出版社，2020.

［8］珍妮弗·加维·贝格.走出心智误区［M］.杨译，译.北京：北京师范大学出版社，2021.

［9］拉姆·查兰，斯蒂芬·德罗特，等.领导梯队［M］.徐中，林嵩，雷静，译.北京：机械工业出版社，2021.

［10］吴雁燕，胡丝雯，录兰.成就卓越［M］.北京：北京联合出版公

哥，2023.

［11］吴士宏. 越过山丘［M］. 南京：江苏凤凰文艺出版社，2023.

［12］乔纳森·海特. 象与骑象人［M］. 李静瑶，译. 杭州：浙江科学技术出版社，2023.

［13］马歇尔·卢森堡. 非暴力沟通［M］. 阮胤华，译. 北京：华夏出版社，2018.

［14］罗伯特·凯根，丽莎·南希. 人人文化［M］. 薛阳，倪韵岚，陈颖坚，译. 北京：北京师范大学出版社，2020.

［15］瑞·达利欧. 原则［M］. 刘波，綦相，译. 北京：中信出版社，2018.

［16］英格里德·本斯. 引导团队群策群力的实践指南［M］. 任伟，译. 北京：电子工业出版社，2011.

［17］大卫·R·霍金斯. 意念力［M］. 李楠，译. 北京：光明日报出版社，2014.

致谢

从萌生写书的念头到最终完稿,这一过程跨越了近半年的时光。在这漫长的创作旅程中,我深刻体会到完成一部著作的艰辛与不易。这不仅是一场对精力、体力和脑力的全方位考验,更是对毅力和耐力的深度磨砺。

首先,我要感谢我的两位合作伙伴。其中一位是肖双生老师。我们曾在滴滴共事,共同热爱分享,追求成长,多年来一直致力于学习和应用教练技术,并在心智成长领域持续探索与实践。在写书过程中,凭借其丰富的业务管理经验,肖老师提出了许多富有建设性的见解,为我拓宽了视野,打开了思路。本书中部分案例的撰写也出自他的手笔。在繁忙的工作之余,他还要兼顾家庭,陪伴三个孩子成长,但他依然能够在交付的时间节点上按时完成任务,这让我由衷地感到钦佩。每当我阅读他撰写的文字,都不禁感慨万千。在教练技术的应用、团队管理以及心智成长等方面,我们有着诸多相似的理念与实践,他的文字精准地表达出了我的想法。

周易是我滴滴学院的前同事,也是我想要感谢的另一位伙伴。作为年轻的新生代,他持续追求专业精进,做事认真靠谱,头脑灵活而富有创意。之前我在企业里讲课时,他为我的课程绘制过海报和插图,给我留下了深刻的印象。因此,当为这本书籍寻找插图师时,我第一时间想到了他。我向他发出了邀请,他毫不犹豫地答应了。他结合对内容的深刻理解,绘制了多幅充满创意的插图,为本书增添了灵动的色彩,仿佛为它插上了飞翔的翅膀。

李忠秋老师也是我要感谢的人。在我寻找出版社合作的进程并不顺利，差点要放弃时，我偶然听了他的一场直播分享。他在分享这些年创业的体会时，一直强调作为自由讲师，拥有一本自己的书是非常重要的。听了他的肺腑之言，我更加坚定了写这本书的决心。在他的推荐下，我认识了电子工业出版社世纪波的晋晶老师，才有了这本书的问世。

　　陈丽娴（芭蕉老师）也给予了我无私的帮助。她分享了自己当初写书的经验与心得，在我迷茫、困顿之时，为我拨开了迷雾，给予我前行的力量；她还分享了当时的选题立项书，助力我迈出了写书的第一步。

　　我还要感谢那些信任我的客户。在这里，我暂不提及具体的公司名称，但他们给予我机会，让我得以将教练技术分享给企业的管理者，并参考管理者遇到的真实管理场景，撰写出供更多同行学习的案例素材。

　　在案例方面给予我反馈与建议的朋友们，也让我感激。我的校友熊德政为我提供了行业信息，还亲自修改和纠正案例文字细节，令我深受感动。感谢吴瑾志，我的滴滴前同事，作为第一批读者，他反馈了案例的建议，使案例更加贴近真实应用场景。

　　滴滴公司为我提供了良好的应用环境，让我得以在企业中推广和实践教练技术。我还要感谢我的前任领导们，Owen（周全）、叶天舒，让我作为下属深刻体会到了教练式管理的魅力。感谢曾经与我共事的团队伙伴，他们的包容与信任，助我从一名新手教练式管理者成长为真正的教练式管理者，让我收获了极大的信心与成就感。感谢"滴滴教练联盟"的伙伴们，我们共同携手在企业推广教练技术和文化，我才得以积累了8年在企业落地教练技术的宝贵经验，这成为了我一生的财富。

　　百度学院的前同事王星晨，也是我要感谢的人。正是他在我遇到困惑时向我推荐了教练技术，让我从此踏上了学习教练的旅程。

　　我还要感谢所有的教练老师们，他们包括但不限于以下这些老师：埃里克森国际教练中心的创始人玛丽莲·阿特金森，她以一位大师级教练的风采，让我看到了教练应有的状态，更加坚定了我将教练事业作为一生追求的决心；还有Kim、乔安，以及中国本土的教练老师鲁华章、张加霖、乔丽艳、许光惠等，他们深厚的教练功底让我看到了自身的差距，也明确了我继续努力的方向。

感谢我的教练，围绕写书这一主题，我曾接受过3~4次教练辅导，是他们的支持让我更加清晰书籍的定位，看到了写书的价值与意义，也让我更有动力坚持写下去。

感谢所有曾经被我支持过的客户，正是他们的信任，成就了今日的我。

感谢我的家人，儿子和女儿，在多个写作的日日夜夜，给予我鼓励和支持。

最后，我要再次感谢电子工业出版社世纪波的晋晶老师，在整个过程中提出宝贵建议，给予我鼓励与支持，使得这本书能够问世。

期待此书能为推动更多企业管理者学习和运用教练技术贡献一份力量。